U0047561

「我，和我自己」

I Will

Be Me

夏和熙

前往夢想的道路，
哪怕只前進一步，也決不原地踏步

人與人之間是個緣份。

第一次見面 他害羞説不上話

第二次見面 他彷彿準備好了

你不認識他 只看到他的聰明犀利

我想 那是他的保護色

你認識他 會感受到他的 認真可愛

他是個聰明努力 善良溫暖的孩子

因為相信 放心

所以許多工作重責大任 我都託付他

希望他真正認真努力的表現能被看見

老實説

在工作中我一直不是個時常把好話放在嘴邊的老闆

因為嚴格 常常讓身旁人害怕

但每次工作上的脾氣 他在身旁 總會安撫我

一句 好 老闆 我們知道了 我總能平靜下來

不吵不鬧 溫暖貼心 這就是他 「夏和熙」

這是夏和熙成長夢想的故事

也是一個決不原地踏步 熙力美男的工具書

你了解後 一定會更愛他。

「好好擁抱自己，獨一無二的花漾人生」

MTV 娛樂台 & 傳奇星娛樂 總經理

Andy 張世明

　　KID ╳ 夏和熙，有一陣子我們名字常常黏在一起，因為師兄弟、因為主持搭檔，種種的原因讓我們不可能相遇的兩種人碰到一起，後來發現他內心有我的瘋狂，我有他的細膩，碰面時常常像再世情人互相打鬧、照顧，所以我一定要力挺到底這麼棒的一個作品！

KID 林柏昇

　　熙熙，我們原本就認識，但真的熟悉這個人，是從他進傳奇星開始。他是個嘴巴有點壞，但心地非常善良的人（標準刀子嘴、豆腐心），同時也是個很貼心、很上進、自我要求很高的人，在我心中是個很值得交心的好朋友，希望大家都能透過這本書來更認識他、了解他。

小樂 吳思賢

對夏和熙一開始的印象是從大學生開始的大野，後來看他幾次主持得有模有樣，但都沒有真正的合作過！直到有一次參與 Populady 的運動會，他是主持人，首先覺得他一身運動服穿得很好看，心想：哎唷！他品味不錯喔！後來看他整場主持認真、敬業、臨危不亂，控制整場這麼多人的錄影，真心覺得辛苦了，也想給他拍拍手！這次他要出書了，請大家多多支持他的新作品，我也迫不及待想看看他想說些什麼！加油～夏和熙！新書大賣！

　　　　　　　　　　王子 邱勝翊

　　在我心中的熙，根本就是人生勝利組的體質啊，花美男外表、運動員體格、聰敏機靈、幽默可愛、善良細心、努力上進，好像全世界的優點都讓他一人包了那樣，讓人怎麼追也追不上。

　　他讓我想到最近看到從網路竄起的作家「咪蒙」的一句話，「最可怕的是，那些富二代比你還努力啊！」

　　我當然不是說他是什麼富二代，而是說，有些天生優秀的人，其實也從未曾停止努力奮鬥，就像我所認識的熙熙，總是認真到令人感動，甚至讓我開始反省自己。

　　不信的話，你就打開這本書來看看吧！

　　　　　　　　　　路嘉怡

恭喜夏和熙出書了！

內外兼具的美男子終於願意跟大家分享他的祕密了～

快點好好研讀，和他一起變時尚變帥氣！

愷樂 

　　熙熙是個表面上伶牙俐齒，尖酸刻薄（誰叫你給大家這種奇妙的印象），實際上是個對內外都自我要求極高的貼心男孩，很有禮貌而且總是大方分享，對時尚和肌膚保養有著超乎常人的苛求，連我們都要敬他三分！把自己打理得這麼好的祕訣究竟是什麼？身為女明星的我也很想知道耶！哇哈哈！

劉容嘉

　　蔡翰維，我的好朋友，就是大家所熟悉的夏和熙～很高興他出書了！這幾年看著他對工作的執著與認真，抑或是對時尚的敏銳度，憑藉著努力和經驗，集結成精華成就了這本書，足以證明他已經一步一腳印讓自己越來越成功，絕不會辜負支持他的每一位粉絲，身為麻吉的我真心地為他高興，還請大家繼續關注支持這個開朗幽默又有才華的夏和熙喔！

嚴立婷

Chapter 4 —— 韓式美男力

Chapter 5 —— 犀利但不改本色

Chapter 1

運動人生大轉彎

哪怕只是前進一小步，
也不要原地踏步——

18 歲那年夏天，
一張改變我一生的名片

故事，要回到我高中畢業的那年夏天。

在踏入所謂的「演藝圈」以前，我是一名網球選手，每天的行程就是來回學校、球場和家裡。那天我一如往常練完球，一如往常的穿著運動衣揹著球具，一如往常的一個人搭著回家的捷運，卻出現了一個陌生的男子和我攀談。他遞上

了名片，然後又上下打量了我一下：「你有沒有興趣參加『我猜我猜我猜猜猜』的錄影？」那時候才剛高中畢業的我，連主題是什麼都沒有問，直覺就問：「有錢嗎？」他回答我有通告費 3000 元，這數字對一個高中生來說非常多了，我便一口答應了。事後回想，還好不是遇到詐騙集團，否則我一定是最容易上鉤的傻子！

錄完「我猜」以後，我收到經紀公司的試鏡通知，同時剛好「大學生了沒」正在籌備，製作人問我有沒有興趣，想當然爾我還是問了有沒有通告費，雖然沒有「我猜」的多，但是一週只要錄影一天，一天錄五集，這樣額外的收入對當時的我可說是一份不小的金錢來源（聽起來我好像根本只是為了錢才誤打誤撞進演藝圈的哈哈哈）！於是我就這樣成為「大學生了沒」第一代的節目班底，也開啟了我固定出現在螢光幕前的機會。

在「大學生了沒」剛開始錄影時，我並不預期自己能表現得多好，畢竟我根本也沒有學習過如何開口講話和說故事，只是一個非科班出身的素人。但或許是從小深受在小學當老師的媽媽影響，我講話的邏輯和組織能力很好（可能也是從小媽媽說一句我回三句的原因？），沒想到我只是一直照著原本說話的口吻和方式，用最自然的方式表現（所以很多人才說我在電視上感覺就是嘴很賤！），但在別人眼裡，卻覺得我能夠把故事的起承轉合講得很流暢，回應也是語不驚人死不休，於是我表現的機會越來越多，最後還成為「大學生」的班長！

其實，被選為班長的原因，我想還有一點很重要，就是每次陶子姊只要進攝影棚，第一個講話的人就會是我。

後來仔細想想，或許是因為每次只要看見陶子姊，相較於其他大學生可能會害羞或害怕，我都會很熱情地打招呼，

無論是對工作人員或其他大學生也是，對於長輩或前輩們，我甚至還會習慣性的鞠躬！因為「禮貌」，是我父母從小給我的觀念，無論認不認識對方，只要在相同場合就要禮貌地打招呼，這樣的習慣我至今仍無時無刻提醒自己，我也相信只要待人和善有禮貌，這一生絕對不會吃虧，甚至還能有意外的幫助也不一定！

不過身為節目的班長並沒有想像中容易，不僅必須帶動現場氣氛，也要時時教導與提醒新來的大學生錄影時該有的動作和行為等等（累）。所以，每次錄完影後的開會檢討，第一個被罵的往往是我，然而也因為這份責任，督促著我必須很快地適應大學生班底的生活，就算只有教過我一次，我也必須在這一次的機會裡快速學習，沒有太多犯錯的空間，或許這也是逼著我進步得比較快的原因之一吧！

我在「大學生了沒」磨練了三年半，其間來來去去大概

有五千人來錄影過，我覺得自己最大的收穫就是「人脈」。因為還是學生，以前對「人脈」這兩個字真的沒什麼概念，最多就是同學和一起運動的朋友，也不知道人脈的重要性是什麼。因為「大學生了沒」我認識很多不同系所的人，而他們後來也分別在各行各業發展得很好，因此在我面對許多的問題，或者需要不同行業、不同身分的人幫助我的時候，「人脈」就派上用場了！

這故事告訴我們，多交好朋友準沒錯，不要因為害羞而限制了自己交友的圈圈，也許當初只是簡單的禮貌對話，或許在將來都會轉化成不同的機會，來到你的身邊呢！

後來因為在「大學生了沒」表現還不錯，算是能夠讓人記憶深刻吧，偉忠哥某天用他一貫的語氣問：「大野，你願不願意和我們簽經紀約呀！」我記得當時同公司的藝人還有大小 S、康永哥、阿雅等等，雖然得到演藝圈大家長偉忠哥

的肯定是滿興奮的，只不過我一直以來都僅是抱著玩票的心態，對演藝圈懵懂無知。

就在我舉棋不定時，我只記得姊姊告訴我一句話：「如果你想要往這一條路走，就要找最大的公司。」就因為這句話，我便答應了偉忠哥，連詳細的合約、抽成都沒有仔細去研究，像是小白兔般，就這樣一頭闖進演藝圈這座大森林裡。

至於當時在捷運上改變我一生的陌生男子，是從「我猜」的工作人員、到後來一起在「大學生了沒」打拼的工作夥伴，最後也成為節目製作人的 Kenji。謝謝你的慧眼，給了我一個我從來沒有想過的人生體驗。

和想像中
完全不同的演藝圈

　　記得開錄「大學生」第一集的時候，有個工作人員告訴我們：「**我希望你們白得像一張紙一樣，否則你們的過去都會被挖出來，原本可能只是一張白紙，最後都會變成白布條。**」當時我才 18 歲，哪懂什麼叫作「要白得像張紙」？可是漸漸的，我終於了解當初這句話的意思。

在「大學生」開始成為家喻戶曉的節目後，很多事情也就都會被放在放大鏡前檢視，所以當其中有人發生負面新聞的時候，很多媒體就會紛紛來訪問我們，因為我們代表著台灣大學生的形象，怎麼還可以做出負面的事情？但那時候我只覺得，我們只是一般的大學生啊，是想要逼死我們嗎？為什麼只是其中一個人有負面新聞，就要把我們全部拖下水？也才讓我發現，原來我們的一舉一動已經不只是我們自己或者家人會知道，更明白原來對於自己的羽毛要很愛惜。

越是複雜的環境，我們就越是要拒絕誘惑，保持著原始的初衷，不要因為這個圈子有許多的染料，就隨意讓自己染上負面的顏色。

剛開始進演藝圈的時候，我想像中的「藝人」，應該就像是陶子姊一樣，有造型師、化妝師打理好一切；直到真的開始接觸以後，才發現完全是兩回事！當上藝人的過程實

在是太多太多辛苦講不完了，比如說，很多人都以為，當一個主持人只要在台上把該講的講好，該訪的訪一訪就好，卻不知道背後要付出的努力有多少，腦細胞也不知道要死掉多少！

公司當時將我訓練成一個主持人，要我每天都要看六份報紙，每個月要讀十本當期雜誌，甚至連商業相關的周刊也要涉獵，對不愛看書的我來說真的超級痛苦的！但是長久下來，的確對我的主持很有幫助，我至今都還保持著這個好習慣。

當唱跳歌手的時候，也沒有人會在意你舞步有多久時間可以學，或是歌練唱了幾次、錄了幾次，就被推上舞台。再來就是經紀人這關，除了不能過問酬勞，就算沒有任何酬勞的工作還是要去做，甚至就算有廠商贊助的衣服，常常是經紀人先拿，我們只能撿剩下的，有時候還要倒貼錢才能拿到

廠商贊助的商品；但以前錄「大學生」的時候，同一件衣服不能穿上節目超過兩次（有時候真的會偷偷正反亂穿），表演的衣服也要自己去借，明明我們都只是窮學生，沒有這麼多衣服，但也只能自己想辦法，所以當時的通告費幾乎都拿去治裝了。常常聽人家說什麼藝人賺很多呀、很愛花錢呀，其實根本不是你們想像的這樣，更多的是太多的身不由己呀！

這些辛苦再苦我都可以吞下去（當時的信誓旦旦，也不知道現在還有沒有勇氣再說一樣的話），但最讓我無法適應的部分在於「心機」。演藝圈為了躍上舞台，有太多勾心鬥角的事情發生，因為要攀上舞台，就等於要踩過同伴，即使是很好的朋友，但舞台只有一個人能上去，無論是誰，內心都會百感交集，贏了會有愧疚感，輸了又傷心。

不過，最後這些都成為我們「這種」沒有受過正式訓練

的新人的成長養分，**殘酷的現實，其實是最正向的激勵，讓我們更想努力擺脫現況，長成所謂「藝人」該有的樣子和待遇。**

很多時候，都只能告訴自己，只有自己才能幫自己，不要對別人心軟，才不會受到傷害！

曾經，
我以為只要努力，
就可以做到想做的事情

　　我剛出道的時候，台灣最火紅的節目是「超級星光大道」，那時候楊宗緯、蕭敬騰都簽進同一間公司，看著他們，我常想著：會不會有天我也能像他們一樣，有自己的作品，也可以到處辦見面會，有大批的粉絲……等等。那時我的想法很簡單，以為藝人只要上台表演就好，不用做別的事情，而我最想做的就是唱跳歌手，但當時簽約的公司是以綜藝節

目為主，所以這個夢想也就越來越遙遙無期。

隨著「大學生了沒」的大學生越來越多，第一代的老班底各自向外發展，錄影時間變少，通告費自然也跟著減少。後來公司安排我和另外四位大學生，包括那時候都還沒改名的寶咖咖、茵茵、小優、小白組成了「強尼草莓」唱跳團體。我接收到這個消息時非常開心，總算有機會實現我當初的理想了！就算每個月都要進公司評比、準備才藝，我們都樂此不疲。

但很快的，我就見識到了演藝圈對於新人的殘酷！從開始唱校園、跑活動，我們幾個人不僅妝髮、服裝全部自費自理，連練習用的教室也是自費租的！來回每個活動都還要自己開車，那時還年輕，我們也只能苦中作樂，當作是出門玩。重點是，接了好幾場表演，我們幾乎沒有拿到任何的演出費，甚至連交通費的補貼都沒有，公司只提供我們表現的

機會，如果我們不願意做，多的是別人想做，有很多次都覺得自己快要撐不下去了！我還記得那時候有個經紀人直接跟我說：「如果你要走就走，你自己選。」雖然很不服氣，也很想給她一巴掌（只是想啦～暴力是不好的行為唷），但也只能咬緊牙關撐著，畢竟當初也是我自己選擇的路。

不誇張，當初扣除服裝、道具的表演支出，一個月大概只能賺到兩、三千元，沒錯，就是兩、三千。可是我在上大學以後，就完全不跟家人拿錢，所以除了少許的活動以外，我還會另外接拍網拍來賺錢，如果是有發放便當的活動，那就再好不過了！

剛出道那幾年，我真的就是這樣苦過來的，大家都以為藝人日子一定過得光鮮亮麗，其實錄影和活動幾乎佔滿我大部分的時間，我常常去學校上完一堂課，就趕去工作，然後再趕回學校上課。

之所以這麼拚的原因，是因為爸爸當初答應讓我繼續走演藝圈，條件就是要我繼續唸書，不能休學，所以我必須在有限的時間裡做好工作和讀書這兩件事，因此我犧牲了很多東西，像是和同學朋友的玩樂、和家人的相處，當然談戀愛就更是沒有選擇的餘地了。我很謝謝大家喜歡我，換個角度想，如果我犧牲了這麼多，獲得其他人一點點的掌聲，或是一點點的認同和肯定，那就夠了。

　　後來，我接演了人生的第一部戲《家有四千金》，其實我心裡又緊張又害怕，畢竟我從來就沒有對著鏡頭演過戲，甚至連基本的表演課都沒有上過！在拍戲的那段日子裡，連續兩個月的時間，我每天幾乎都只睡兩、三個小時，甚至有時候連睡覺的時間都沒有，就是不停地在拍戲、背台詞，看著同劇的前輩們也是一樣辛苦地準備著上戲的台詞，我也只能全心全意地投入劇組裡。

試著站在別人的工作崗位，才知道隔行如隔山，
也才會站在不同的立場幫別人著想

我的第一場戲，因為戴著眼鏡，又是第一次上戲，實在太緊張，拍完那場後眼鏡都起霧了，還這樣被笑了好一陣子。雖然真的很辛苦，但只要想到熬過了，就能在戲劇上有正式的處女作，還有「想必」為數不少的片酬，我就逼著自己要提起精神！然而，在開拍之前我並不知道酬勞，經紀人也規定藝人不能過問，結果總共拍攝約四十集，僅拿了和我想像中天差地別的金額（詳細數字是機密，我只能說有些上班族一個月的薪水大概都比這還多……），我整個超級崩潰！

但我也只能安慰自己，這就是新人必經的過程，但也總算是見識到演藝圈真的不是想像中這麼好混的！

我想每個人，包括我自己，也曾經以為做演藝圈可以賺很多錢，但不瞞大家，我進入演藝圈大概第七年後，隨著工作開始穩定，當然價碼也比剛出道時多一些，我才真的有

自己的存款，聽起來是不是超悲慘的？請容許我在這篇的
ending 罵一聲╳！

　　但是，這就是人生吧，每個行業都有其中辛酸的地方，
就連光鮮亮麗的演藝圈背後也有太多不為人知的血淚史，我
只能說，我並不後悔。

　　**願我們都能找回初衷，再像當初孩子一樣的我們那樣快
樂！**

進入演藝圈後遇上的第一個挫折：
我到底能做什麼？

　　第一間經紀公司五年約滿後，家人打算送我去美國讀書，沒想到在一個因緣際會之下去瓜哥的節目錄影，被「寇桑」黃義雄看到，問我願不願意簽進他的公司。當時家人還是很反對我走演藝圈，但因為這間經紀公司有瓜哥、董哥、浩角翔起、謝忻等前輩，才讓爸爸稍稍放心。

那時，我跟爸爸說我要繼續走這條路——講出這句話時，我就知道自己無路可退了，也就是從那時候開始，我才決定要認真下功夫，以延續我的演藝生涯。

來到了新環境，本來以為會有全新的開始，我當時最想要做的就是歌手，但公司卻鮮少有這樣的規劃，所以我只能打消這個念頭。那當演員呢？在《家有四千金》時，飾演我爸爸的蔡振南大哥常跟我說：「**要當演員是一件很困難的事情，因為你必須要有很多的經歷才可以詮釋不同的角色。**」他甚至還說，他拍戲的收入，有三分之一是拿去買藥，本來以為他是跟我開玩笑的，後來看了其他演員，好像真有這麼一回事，因為拍戲真的都是日夜顛倒、作息不正常，更何況像我這種戲劇的新鮮人，連片酬都不多了還要爆肝，讓我對演員這條路更加躊躇。

所以，最後我還是只能在公司的安排下，選擇我最不喜

歡的「主持」這條路。你們一定很好奇，最常看見我的時候就是在主持，現在可能也頗有成績，怎麼會不喜歡主持呢？來，聽我娓娓道來——

當時在寇桑的公司是比較接地氣、純本土的公司，而我台語又不輪轉，所以錄外景時都是在雞同鴨講的狀態。更不用說比起幾位超有親和力的前輩們到哪裡都能接受民眾的愛戴，我就是一個不笑就臉超臭的人呀，婆婆媽媽們看到我馬上就解 High 了吧！

但外景節目最可怕的莫過於要不停地在外奔波，不但要瘋狂玩遊戲，還要隨時應對突如其來的各種狀況，而且還不能有任何拒絕，否則就是不敬業。比如，我之前因為玩遊戲，同時讓超多觀眾跳到我的背上，導致我椎間盤突出立刻送急診，我還因此復健兩年，時常早上起床都要在床上痛到掙扎十幾分鐘。

又比如被前輩大哥們拱跳海，我也只能跳呀！結果海面上浮滿垃圾和油汙，起來以後我忍著不舒服撐到錄影結束，回家我全身大過敏紅腫發炎，也是立刻送急診。還有太多幾乎沒有受過訓練、就必須去做很多專業的事情，像是從高台跳水或者衝入火場扮演消防員，這種稍微偏差可能連命都沒有的事情，沒有人問你能不能做，只因為你是藝人，你就必須做到。這也就是我為什麼會這麼排斥當外景主持人的原因，要做太多非一般人會做的事情。

當然，當外景主持人還是有好處，比如可以去到世界各地，吃不用排隊的排隊美食，可是，當你一天必須吃十家店時，你真的不會覺得這是「爽缺」就是了。

我記得佼哥曾經說過：「**主持人永遠都是綠葉。**」因為現場來的粉絲都是為了見他們的偶像，不會是主持人。而且主持是一個非常高壓力的工作，除了要不斷穿針引線、炒熱

氣氛，還要面對太多自己無法控制的突發狀況。像是主持活動，歌手臨時遲到、多唱或少唱幾首歌，最後誰要收拾？還不是主持人來收拾！到時候要接受謾罵的是誰，也是主持人啊！廠商付錢，所以不能得罪廠商、品牌，歌手也不能得罪，因為上有長官、下有粉絲，而主持人只能夾在中間裡外不是人。

最重要的是，以前還是歌手身分的時候，表演結束都能接受粉絲們的歡呼，但當了主持人後，粉絲們看完自己喜歡的歌手就走，我常常看著空蕩蕩的台下，還是要完成我的主持工作呀！這樣的情況族繁不及備載，主持人常常吃力又不討好，所以每次工作結束心裡還是會低潮一陣子，明明是帶給別人歡樂的工作，怎麼會陷入這樣的情緒呢？

所以哪怕已經主持了這麼多場活動和節目，我依然在調適這件事情，只能努力在不快樂裡找平衡。比如想著我的主

持酬勞或許很多，或是藉由主持認識或見到不同領域的藝人，例如有一次就訪到我的女神蔡依林，她說她有看過我的綜藝節目，當下我真的覺得好爽啊……啊，不，是我的努力都有代價了！或是自己找「成就感」，比如在一場演唱會裡將所有藝人和贊助商的資料全背下來，且不超時，節奏也掌握得很好，那種爽度真的是無法取代。不過，我還是最想回到入行前想做的唱跳歌手啊！Andy 哥（我老闆）～有看到我在呼喊你嗎？（大揮手）

現在才知道，哪怕只是往前一小步，至少不要原地踏步！每天一小步，總有一天會走到你想到的地方。

不同的工作內容，不同的搭檔和不同的場地，
卻都有相同的魅力

●● 得不到家人的肯定，
可能是我心中始終無法釋懷的缺憾之一

　　其實，我很少提起和家人的關係，也不曾在節目上、社群裡說過，甚至連我的朋友、粉絲都不知道，但這個部分，卻是我走入演藝圈到現在，最害怕公開討論的話題、埋在心裡最深處的結。

我可以說是出身體育世家，媽媽是國小體育老師，爸爸是運動傷害用品公司的老闆，在體育界認識的人很多，他一直希望我能承接他的事業，我也知道如果從事體育相關工作應該可以得到家裡很大的幫助，甚至過得很輕鬆，但我偏偏對這塊沒有太大的興趣。

從小家裡就只有兩個小孩，姊姊的學業成績比我優秀很多，連考研究所都是榜首，而我在課業上不但從來追不上她，連她的車尾燈都沒有看過！所以我只能想盡辦法用不同的方式博取別人的注意，這也就是為什麼以前我總是染金髮，因為我在家裡總是被忽略，讓我覺得自己是一個很沒有存在感的孩子，所以想要和別人不同。

偏偏爸爸又是一個特別嚴格的人，從小就灌輸我男生必須學著獨立、學會自己解決事情，所以很少會幫忙我什麼，就算小時候在外面被欺負然後哭著回家，姊姊都說要替我報

仇，爸媽還是要我自己去解決和面對，不准我逃避和懦弱，只因為我是男生。所以從出道到現在，我的所有成就和工作機會，都不曾靠過家人的關係。

我很怕看比賽節目，因為常會默默掉下眼淚，看著那些參賽選手的父母到場支持時，眼裡都是感動和驕傲，而我從來沒有看過爸媽的臉上眼中出現這種神情，我不知道有多少人能感同身受我內心的失落，我常常在想，如果我在表演的現場見到家人為我歡呼、為我驕傲，那該是多麼大的力量？只可惜我一直都沒有這個機會和舞台。

又或者，即使家人沒有空到場，但我在外努力打拼，回家後能接受到家庭滿滿的力量和關懷，也都是很大的一種肯定，然而我從來不知道那是什麼樣的感覺，後來我會想，不知我還能做什麼，才能得到他們的肯定！或許我還做得不夠好，不夠好到他們能光榮地出席我工作的場合，不過我還

是不會放棄，還會繼續努力。

　　當然我也知道，我的爸媽一定在我看不到的地方幫我加油，也相信他們願意一直當我最堅強的後盾，讓我有足夠的力量去支撐著我的意志，在這裡我想說：謝謝你們總是給我很大的空間，做我自己想做的事情，雖然我常常因為工作不在家裡，又因為工作忙碌以致回家不太想講話，但我是真的真的很愛我的爸媽，也想和你們說：辛苦你們了～謝謝！（抱）

　　寫到這裡，真的很想回家擁抱他們，但我有些害羞，就隔空抱一下好了～（抱）

　　其實中間有太多太多次可以放棄演藝圈的機會，而且說真的，家人不支持然後合約也到期，即使有粉絲支持，我退出後他們還是有不同的人可以繼續支持，我並不是最優秀的

那一個。換句話說，我要放棄隨時都可以放棄，我一直在煎熬自己到底該不該繼續走演藝圈。所以到底是誰在支撐著我在這一行？當布幕落下，掌聲不在，除了我自己以外，我想不到第二個人。所以一路以來，雖然我很常感謝每個人的幫忙和支持，但我想感謝我自己一下，如果不是「夏和熙」，我想我現在可能什麼都不是。

現在大家看到的我，都是最開朗的我，雖然所有的力量都是我一個人在支撐著自己的，但身邊還是有很多很好的好朋友一直提醒和陪伴，以至於能走到今天！

所以，如果你此時此刻在做的事業，或者正在追尋的目標，有著家人的陪伴和支持，我想跟你說，我好羨慕你，真的好羨慕好羨慕，你一定要珍惜這份情誼和運氣，將家人當作你最堅強的後盾，因為你不是一個人。可是倘若你和我一樣，還沒有打通父母的關卡，沒關係，就繼續堅持下去吧！

只要這是一件對的事情，就要努力做到能夠讓他人肯定，雖然我自己也不知道這一天會不會降臨在我身上，但只能以此為動力，用盡全力證明自己。

有時候，你會比自己想像的還要勇敢和堅強。

你們是我的軟肋，也是我的盔甲

願我們不管過了多久，
都還有著當初清澈的雙眼和用不完的青春
（2012 拍攝）

他是我的家人，
卻也注定一輩子活在這個陰影底下

　　從小我就一直被拿來和姊姊做比較，她什麼都好，也能做到爸媽的期待，親戚們對她期望很高，我幾乎沒有一樣比得上她的。後來我進入演藝圈，想說好不容易有機會可以一舉超越她，但是！但是！但是！她卻嫁給被媒體稱為「台灣之光」的陳偉殷先生。這在外界看來，可能是一件很風光的事情，但在我心裡，甚至生命裡，卻是一個我怎麼樣都跨

不過去的門坎。

在私底下我很少和外人提到「姊夫」，若真的逼不得已，我常常用「陳先生」來稱呼。身邊的長輩、朋友，見到我的第一句話都是問他好不好，很多人也都會衝著我說：「陳偉殷是你的姊夫喔？」我只會淺淺回答：「嗯。」然後就不想再多聊了，因為這是他的事情，我不想被連結在一起。另一個原因是，我很怕自己會拖累他，畢竟媒體給他一個這麼大的招牌，怎樣也不能被我砸壞！

從姊姊和「陳先生」交往、然後結婚，我爸也確認他會成為我們家裡的一分子之後，我們家幾乎所有的心力都投放在他身上。但是，爸、媽～我也是公眾人物啊！（跳、跳、跳）

其實理智上會覺得這樣的計較很幼稚、很見不得人，

但怎麼辦呢？我真的就是在心裡很介意啊！我就是過不去啊！**所謂的心結，真的就是心裡打了個死結，很想解開，但一時找不到方法。**

有時候，我覺得他就像是棵大樹，而我永遠都在背光的那一面，只能處在他的陰影裡，一輩子都是如此。

到後來，我發現我是帶著恨在工作的，我完成很多工作，也證明了我可以做很多事情，可是我一想到我怎麼做還是一樣，在工作上就一點開心和喜悅的感覺都沒有。有時候我會開玩笑地和別人說，我爸只有一個兒子，當然我知道這只是氣話，只是一種代謝不掉的情緒，因為我知道，不管把我們放在哪個家庭，可能都無法避免這樣的糾結。

不過，我當然也不是永遠這麼黑暗，**人之所以之為人的韌性，就在於我們有趨向光明的本能**，就像黑夜總是會過

去，大多的時候，我們總是能勇敢走出黑暗、走向光亮處。

　　當我放下情緒時，我其實知道姊夫一直對我非常非常好（對，我現在都稱他「姊夫」，因為他的確就是啊），雖然心中不平衡，但我會努力幫助他球場外的事情，像是活動需要的梳化、服裝等等。某方面來說，如果我能將這些事情做好，我的家人也會很開心，或許自始至終我還是渴望得到家人的肯定吧？不過，近一兩年我漸漸地可以在許多場合提到他，轉捩點就在去年。

　　那一年我去邁阿密度假，卻生了很重的病，一直發高燒，當時姊姊和姊夫替我安排了醫院和醫生，不但張羅了很多事情，也很照顧我，於是我突然醒了（對，就是一道光突然射入心中的感覺）──無論內心有多少的糾結，或者發生什麼事情，他永遠就是我的家人，這是誰也改變不了的事實，所以，我又何必一直避諱提到他呢？

　　除此之外，我很感謝老天爺給我姊姊兩個小孩，身為舅舅的我對這兩個外甥完全視如己出，他們的出現讓我的個性改變很多。所謂「養兒方知父母恩」，我才明白父母的辛苦，這也是我漸漸釋懷的原因，甚至感謝因為有姊夫的出現，讓我可以重新審視自己的價值，也有一個能夠追逐的目標（雖然目前看來還遙遙無期，可惡！）。對啊，與其這樣比較一輩子，不如接受我們都是一家人的事實，現在的我只希望和自己和平共處，希望我的家人們都平安健康。

　　所謂家家有本難念的經，我相信很多人都曾經和家人有過無解的過程，雖然我不能說自己已經完全獲得理想中的家庭狀況，但隨著年紀增長，我也會努力一步步地去弭平這個影響最大的鴻溝。而我能給的建議就是，請永遠記得對方就是你的家人，家人就是家人，別跟最重要的家人計較最不重要的事。

人長大了，總是要學會向前看，接受，永遠是不傷害自己及別人最棒的方式。

總覺得有一天會打架打贏姊姊，但最後還是被姊夫打趴！（笑）

Chapter 2

從大野到夏和熙

不要讓世界改變你的笑容，
而是用你的笑容去改變世界！

我的名字

　　一開始我是以「大野」的名字開始上節目，為什麼叫「大野」呢？其實原因很簡單，因為大學的時候讀的是運動休閒系，簡單來說就是體育系，班上最要好的朋友也很會運動，我們在學校時常黏在一起，就像是卡通小丸子裡面的大野和杉山，別系的同學就這樣幫我們取了綽號，於是黑色頭髮的我就是大野，金色頭髮的好朋友就是杉山囉！

後來改名字為「夏和熙」是因為寇桑，他對我的期望很高，覺得如果有一天我能提名金鐘獎最佳主持人，甚至入圍，如果繼續用大野這個名字，他會覺得太孩子氣，連評審都會覺得我不夠莊重。改名的時候，我只跟算命老師說不要是本姓就好，結果爸爸卻對我沒有用本姓「蔡」這件事耿耿於懷，其實我只是不想打擾到家人以及原本的生活。

　　改名字前後對我來說最大的差異是，我好像瞬間長大了！在我改名那年，我的第一個外甥出生了，我飛去美國探望姊姊和外甥，並且停留了一個月，在這個月裡，我原本只有五歲的幼稚園心智瞬間變成符合年齡的二十五歲。

　　除了一個新生命的到來，讓我身上多了「舅舅」這個身分以外，最重要的是從前大家叫我大野的時候，我覺得自己就像是個小朋友，反正我才出道，做錯事都算正常，然後不用存錢，賺多少花多少，也不用太過逼自己進步，反

正就靠天賦闖蕩演藝圈就好；但是改名叫夏和熙以後，我突然覺得自己變成一個真正的大人，要對自己的生活負責，或許我的所作所為會變成一個範例，所以我要在這之中做出更多的努力和改變，包含思考、行為等等。

直到現在，我都很感謝寇桑堅持要我改藝名，就像是重獲新生一樣，不管是真的因為姓名學的影響而讓我改變思考，還是因為有了新的名字而主動督促自己要變得更好，對我來說，都是正面的影響，也是人生中一份最棒的禮物！

回憶起當時在「大學生了沒」裡，很多人都會被賦予角色，有的人是很愛名牌包的拜金型，有的是健康陽光型，而我一開始在節目上就被設定是嘴賤的大砲班長。那時候我只是做好節目上的形象，想說什麼就說什麼，像是在節目上說別人醜、別人很機車啊，但是如果是不熟的人，我在下了節目以後通常都會過去和他們道歉，說明這只是效果。

走過多年，現在的我在節目上收斂非常多，什麼都不敢講，不知道大家有沒有發覺？一開始上「大學生了沒」時，我是第一個在網路上被罵的人，原因其實很好笑，因為我在節目上說沒有吃過「雞絲麵」，就在網路上被罵說我貴公子、不食人間煙火之類的，但我真的就是沒吃過啊！真的有必要這麼無情地炮轟我嗎？更不用說後續連長相到聲音都可以罵，每次看到酸民留言真的是會很想打爆螢幕！

　　打爆螢幕是有點誇張，現在的我其實只抱持一個態度，那就是一直往想要的方向走，罵你的人只會留在原地，走遠了，他罵你的聲音就聽不見了，好像就不用那麼在意了！**人生的路上不會所有人都幫你搖旗吶喊，清楚知道自己的目的地才是最重要的。**

　　雖然被罵會很難過，但我也開始反省什麼話該講、什麼話不該講。讓我真正轉變、從「大砲」變成「小管」的轉折

點是，有一次，一個媽媽帶著小孩來參加我們的見面會，說很喜歡看「大學生」，很喜歡我在裡面的表現，但她希望我說話再收斂一點、婉轉一點，不要直接到不顧別人的感受，因為小朋友會學我說「醜死了～」、然後開玩笑地嘲諷人，他們不知道這是節目效果，只會以為講出來人家會覺得很好笑。

因為這番話，我才驚覺我是一個公眾人物，對自己所講的話要負責，原來我在節目上的口無遮攔，會影響到一些年輕人，以為要受到歡迎，就要這樣講話。所以我也慢慢的開始修正講話的風格，行為舉止也不再那麼脫序，雖然偶爾還是會不小心爆走（在這裡真心不好意思捏），但起碼已比較老少咸宜了吧？

不要讓世界改變你的笑容，而是用你的笑容去改變世界！

希望那一天，我也能笑著講述那些哭著的過去

不想要只是通告藝人，
我也想要有自己的作品

　　我當了通告藝人好長一段時間，一開始是非常開心的，因為這是最快速可以賺到錢的，通告結束就可以領到錢，到電視台還有人幫我化妝弄頭髮，整個覺得超爽的！但到了後期我就開始後悔，覺得自己好像做很多事情，但又一事無成，仔細想想當初為什麼不去好好主持演戲或當歌手，因為當了通告藝人一段時間後就沒有神祕感了，上了談話性節目就要把所有事情攤在陽光下。

的確，大家因此都認識我了，然後勒？我還有什麼可以讓我繼續在演藝圈打滾，最後還是只能上節目耍耍嘴皮子，根本沒有人會知道我可以做什麼，只會把我定位在通告咖，做很多的節目效果，說很多不是心裡的話，甚至還要掰很多根本不是發生在自己身上的故事，導致我最後過得很不開心，因為完全違背了我對演藝圈的憧憬，也失去了原本的初衷，只是為了錢低頭。

　　當然，能做一個討觀眾喜愛的通告藝人其實都是相當有本事的，美國娛樂產業傳奇人士 P.T. 巴納姆曾說過：「**帶給別人快樂是最高貴的藝術。**」但帶給別人快樂的同時，往往也忽略了自己，尤其最難的是，通告藝人不像是演員或者歌手，只要在發片期或者拍戲、宣傳時把身材、皮膚狀況維持好就好，而是幾乎一年 365 天都出現在鏡頭前，一整年都保持著好的狀態，所以仔細想想真的很感謝那段時間的訓練，逼得我把自己的狀態保持得很好，不能隨便放縱的習慣

一直延續至今。

　　離開前兩間經紀公司、簽進現在的公司「傳奇星」時，老實說，第一次見到老闆我就直接跟他說：「如果第一年還是沒有什麼作品和成績，我就會漸漸淡出演藝圈。」其實我心裡根本沒有這麼篤定，只能說算是一種半威脅的方式吧～哈哈！

　　2014 年我和 Lulu、阿達輪流代班主持「完全娛樂」，我很感謝製作人曾琴姊，她非常信任我，給了我很大的發揮空間。那段時間我壓力其實非常大，因為我從來就沒有主持過電視頻道的直播節目，而且還是一個我從小看到大的節目！只要講錯話或是不小心爆出粗口，那可是直接播出去的，不是開玩笑的耶！因為完全沒有犯錯的空間，所以也只能硬著頭皮上了啊！

慢慢地，因為主持「完娛」，我開始接觸許多平常沒有見過的大牌藝人，也訪問了許多比我更優秀的演藝圈前輩，才真正感受到我正在做「藝人的工作」啊！明白到做一個藝人，不是將自己堆疊得多高，而是我必須在所有的時刻裡，在每個人與人互動的過程中，都要用最真誠的心面對。

　　之後「完娛」舉辦了為期三個月的「來自完娛的星星」比賽，比賽內容除了唱歌跳舞以外還有主持和演戲等等，當初收到邀約的時候，我真的超級抗拒的，因為我都出道六年了耶！還要跟小朋友一起比賽，一想起來就很累，腰也痠、背也疼（到底是多老啦），重點萬一輸了真的就糗大了！但後來又轉念一想，我都出道六年了，我幹嘛怕會輸給他們？而且製作人曾琴姊告訴我，如果我可以藉由這個比賽獲得一些成績，或許以後能有更多發展的機會。

　　在三個月的比賽過程中，心中還是會有一些不想輸、不

能輸的心情，既然參加了就要全力以赴，最後在用盡全力並且使出看家本領之下拿到了第一名，也得到代班外景節目「愛玩客」的機會，還上了當紅的華流雜誌專訪，總算沒有白費力氣。不過因為這次的經驗讓我發現，原來很多事情都需要去 push 才會知道自己可以做的事情其實還有很多，不然我們都會習慣給自己許多的限制，待在舒適圈裡不肯接受挑戰，謝謝曾琴姊給我上了這寶貴的一課！

所以呀，如果有任何可以讓自己往前衝刺的機會，千萬不要因為怕麻煩、怕自己做不到而畏縮起來，我們每個人可以被開發的潛能還有很多很多，可以獲得的機會也會時不時地出現，每一個可能都是錯過就不在的，一定要牢牢抓住，否則當你老了以後才發現自己當初錯過這個機會，真的會很想呼當時的自己兩個巴掌！

當主持人這麼久，當然一定有影響我最深的主持經驗，

那就是「最強音演唱會」，那是我個人生涯中最大型的演唱會。當時我才剛加入公司沒多久，老闆就賦予我重任，其實我很擔心自己做不好，因為不只是台灣的藝人，也要訪問很多韓國藝人，所以我花了很長的時間準備，看了很多日韓節目，也跟翻譯姊姊們打好關係，把事前準備都做好。不過演唱會最難的就是臨場反應，每個歌手就是唱三首歌，但要在時間裡面收完，可是萬一有帶 Band 的啊，有話很多的啊，時間常常就會被拖延到，所以在主持當下真的是會焦慮到很想把自己的頭髮拔光（目前還很茂密啦～毋需擔心唷）！

　　尤其有一次在深圳，看到現場超過五萬名觀眾，真的腿軟到不行（險些站不起來那種軟），那場印象最深刻的是我要訪問方文山先生，一開始說工作人員只要訪一分鐘就快速丟還主舞台，不過因為後面的來賓還沒到，最後我只得咬牙硬訪了十五分鐘，一下台我真的腿軟外加全身爆汗，差不多是嚇到魂飛魄散而已，沒別的形容詞了。

但是隔天睡醒再回想起來就覺得超爽，原來事前做這麼多功課是有回饋的，雖然不知道在當下是怎麼做到的，反正紅燈亮著就是一直講話就對了！雖然其中幾場下台後還是有被老闆直接大罵，說我主持反應和臨場經驗還是不夠，但也慢慢修正了我主持的缺點，增加了我現場的訪問經驗值，對於我未來的主持人生有相當大的幫助。

至於主持「我愛偶像」，則是一個非常慘痛卻也進步非常迅速的經歷！加入演藝圈以來我的皮膚從來沒有爛過，但加入了「我愛偶像」以後，我左臉有一陣子整個爛掉，不誇張，就是那種必須要厚厚的妝才蓋得掉的那種，所以到現在還留有痘疤，因為壓力真的太大了！接到這份工作時，知道我要去韓國訪問韓國藝人，這些藝人都是世界知名的藝人，可以想見如果訪了這些明星，到時候在網路上的點閱數會非常非常高。

我一開始是很開心和期待可以訪問這些韓國藝人，覺得這又是我主持人經歷的一大步，但後來我整個真心崩潰，是深夜裡在飯店裡毆打枕頭的那種崩潰，因為韓國經紀公司是出了名的嚴格，也非常保護自己公司的藝人，完全只能照著他們的訪綱提問，但同時又要兼顧過程必須有趣和活潑，也要讓粉絲看到自己喜歡的藝人被逗弄得很開心，所以事前的準備以及當下的氣氛、臨場狀況都要掌握得很好，萬一稍有差池，不只是我個人的問題，連帶也會影響到整個公司和電視台。而且，我在韓國每天早上就出門，凌晨一兩點才回到飯店，一天要訪七八組藝人，完全沒有自己的時間，常常都是早上只喝一杯咖啡，一直到凌晨才有時間可以用餐，中間如果能從包包裡掏出一根香蕉果腹就謝天謝地了！

　　所以那真的不只是心理上的壓力，還有身體上的考驗，還好後來看到很多正面的評論，雖然還是有負評，不過心態已漸漸調適過來，加上有過幾次的經驗以後開始抓到的訣

窮，操壞的身體才慢慢恢復，皮膚狀況也漸漸好轉，不然我現在真的是沒「臉」見人了！

雖然過程很慘，不過我還是毅然決然接受了這個挑戰，因為我總是想，如果我可以因為訪問到他們而可以讓更多人看見我，我是不是該好好把這份工作做好？如果電視台、老闆和製作人都願意信任我，把這機會交到我手上，那我是不是也要告訴自己我也做得到？而且既然我代表節目到韓國這麼一個國際化的演藝圈工作，我也要讓我主持的格局變大，所以我會在訪問的過程中夾雜一些英文，或者做更深入的訪問，想要藉此讓韓國藝人明白我這個主持人是不會輸別人的！

就是內心做好了這些準備和拚勁，我才能克服眼前所有的難題，其實有哪一份工作沒有困難存在呢？但辦法是人想出來的，只有抱持著「怎麼可以輕易地被打敗」的想法，才能

見招拆招，所以如果你們眼前也遇到很多的難關，不妨先冷靜看清楚所有困難的原貌，找尋其中的弱點以及可以改善的空間，然後讓過往的經驗逐步解題，我相信所有的困難都是可以否極泰來的！

很多事想了幾千幾百次，想這麼多還不如去試一次，就算跌倒受傷了，至少你試過了！

在演藝圈，
我感謝遇到了你們這些前輩

　　從一開始嫩得要命的大學生，到現在算是多少還能獨當一面的藝人，這一路走來，我真的接收到太多太多前輩的幫忙。首先，一定要說到改變我最多的陶子姊。在「大學生了沒」的節目上，她常常會故意 Cue 我給我機會，提拔了我相當多，給我能夠表現的空間。而且能這樣近距離觀摩陶子姊的主持，讓我就像是海綿一樣吸收了太多別處無法獲得的

經驗，加上她主持的風格是比較犀利和麻辣，和我嚮往的類型很相似，所以我也從中學習到很多。

尤其是陶子姊不僅只是犀利麻辣，也能在訪問中融入很多的知性和智慧，這是我目前最渴望能夠繼續向她學習的部分。更讓我欽佩的是，就算她遇到了很多新聞事件和狀況，都可以在這麼公開的場合用很聰明的方式解決，讓我打從心底佩服。除此之外，在節目外她所教導我的更是影響我整個人生！

那時候我才剛升大學，在節目開錄前陶子姊總是會私底下來和我們聊天，她教了我很多人生上的事情，以及對於這個社會做人處世的態度，還有最重要的是灌輸我很多正確的價值觀。畢竟那是很懵懂的年紀，可能一個禁不住誘惑，或者學錯了榜樣，價值觀偏差，整個人生可能就毀了。我記得有一次陶子姊告訴我們：「如果我現在給你們五十萬，你

們應該都會去買名牌包、買新衣服吧，但如果是我我不會，我會去環遊世界，**因為去環遊世界，其中的閱歷和經驗會比買這些東西更有價值。」**

當時只是大學生的我們，對於「環遊世界」根本沒有想法，只會想要每天吃好穿好吸引別人注意，滿腦子都是很狹隘的觀念，所以她不厭其煩地要糾正我們的各種觀念，包括對於媒體的應對啊，對於存錢的概念啊，甚至她和李仁哥的愛情觀和家庭觀等等，都讓我們這群大學生受益良多！所以對我們來說，陶子姊不只是一個主持人，她更像是老師、媽媽、姊姊、保母、師父、前輩、老師、阿姨……，用她過往的經驗，以及闖蕩演藝圈多年的智慧來「教育」我們，我從來沒有公開感謝過她的提攜，就讓我在這裡真心地謝謝這個老師吧！

下一位貴人是我現在的老闆 Andy 哥，他以前在「我愛

黑澀會」和「模范棒棒堂」裡都是很專業的評審，也是電視台的總監，就是那種很嚴肅、不能隨便開玩笑的人，然後做事真的非常機車，好像必須達到他的標準才有機會在他視線範圍裡面做事情，其他的人都是廢物一樣（呃，這些都只是印象裡的他而已，不要誤會喔）！

在我剛離開上一間經紀公司後，很常在節目上跟 Kid 接觸，也因此認識了經紀人 Debby，Debby 那時候跟 Andy 哥說：「有一個藝人叫夏和熙，想要簽進傳奇星。」當時其實我真的很害怕被他拒絕，但還好 Andy 哥回說：「好啊，可以來聊看看啊，但我很討厭他喔！」這句話我記到現在（沒錯，還記著！），不過因為以前「大學生了沒」和「模范棒棒堂」是同時段對打的節目，所以我也不怪他啦！（抱）

還記得 Andy 哥第一次見到我，就直接問我：「你想做什麼事情？」說實在的當初我完全說不出口，因為我真的不

知道自己可以做什麼，或者說可以依靠什麼在演藝圈立足。他說他有看過我主持的「完全娛樂」，覺得還不錯，所以問我要不要先從主持做起？這時候我才恍然大悟，原來我想唱歌、想拍戲、想主持三管齊下的先決條件就是，我必須先找出最擅長的一件，而不是同時間想做這三件事。

後來，Andy 哥補充說：「你難道想要一輩子跑通告嗎？你已經出道七年了，一個代表作品都沒有，這樣像話嗎？」當下我聽到的時候很想直接呼他一巴掌，說這什麼話！但後來我冷靜的把手放回自己的臉頰拍了拍，其實他說得也沒錯，如果我一直這樣子，等老了以後跟我的子孫說我曾經是藝人，結果卻沒有任何作品可以端出來，還以為我只會提當年勇，想想這樣也太悲慘悽涼了！

所以最後 Andy 哥幫我選擇了主持，也替我決定了未來演藝圈的方向。說起來，這也確實是對我來說比較得心應手

的事情，我不該一味地排斥，我真的很感謝當初他給了我「主持人」這個封號，否則我可能永遠都是那個想要做很多事情卻什麼都做不成的藝人吧！雖然到現在我還是不會說自己擅長主持，常常還是會覺得自己在主持還有太多太多必須學的東西，或許要等到我拿到金鐘獎才有可能說自己擅長主持，真心希望真的有這一天！

加入「傳奇星」後，我跟 Kid 林柏昇聯手主持「超聯萌女神 2」，雖然很不想承認以免他太囂張，但說起來他真的算是我的大恩人！你們也知道他錄節目時就像個瘋子一樣，沒有什麼是他不敢做的，所以也逼得我必須把身上的包袱全都丟掉，因為跟他一起主持就是要不斷跟著他挑戰我平常根本不想做也不會做的事情。

其實每次我騎虎難下的當下真的很想殺了他，想說到底要把我逼到什麼絕境（把我逼下懸崖的那種絕喔），只是等

過了當下，或者事後回想，才會明白其實在我身上的包袱，有九成根本不重要，那都是我給自己的限制而已。重要的是當下的過程，重要的是要如何讓節目更精彩，怎麼讓每位觀眾笑得更開心，這就是一個成功的主持人該做的本分。雖然我還是常常會被他氣到炸開，但我真的很感謝他幫助我這麼多，沒有他這種逼人的個性，以及自己勇於身先士卒的精神，我可能還像個溫室花朵一樣什麼都不敢嘗試。

其實 Kid 真的是一個很無私的大哥哥，很單純，也蠢到不行，他會告訴我很多他之前的故事，包括他以前也是一個月只賺幾千元，也不敢跟家人說，我聽完以後就會覺得自己已經幸運很多了，所以沒有資格再去埋怨什麼。

他也很常罵我很白癡，總是專注在很多他一點都不在乎的事情，像是以前我拍照一定要用美肌相機，但他就是用 Gopro，什麼修圖後製都不需要，後來我也漸漸被他影響，

覺得我花太多時間和心思在那些根本不需要在意的點，很多瑕疵根本也是我自己描繪出來的，其實在別人眼裡根本也沒這麼嚴重，進而也讓我覺得，又何必要在意別人的眼光呢？我自己過得舒服開心自在，哪需要被其他人的言語左右呢？

因為，人活著最重要的事，就是自己喜歡自己啊！

就是因為 Kid 這樣的啟發，才會忽然讓我覺得其實人生很多時候根本沒有這麼困難啊！感恩師兄～讚嘆師兄～

對了，Kid 最讓我感動的一件事情就是，我剛加入「傳奇星」的時候其實還沒什麼工作，除了公司既定的行程以外，沒有太多的活動，Kid 就和我說：「不然你陪我主持校園演唱會，我的錢分你一半！」我說你是開玩笑的嗎？他就說：「好啦！不然你四、我六！」

我以為這只是說說而已，沒想到他真的說到做到了。

事實上，他其實根本不需要這麼做，一個人也能夠 hold 住全場，但他卻願意領少一點的薪水找我和他一起主持，給了我很多的機會。如果沒有這些機會，我往後可能沒有辦法這麼快地就能一個人在好幾千人的學生面前主持，主持風格也不會因為受到他的影響而變得靈活和活潑。

Kid 後來在演藝圈發展得越來越好，還得到了他夢寐以求的金鐘獎最佳綜藝節目主持人的頭銜，我真的很替他開心，因為他值得！也非常感謝他當初願意不計較地給我相當多的表現機會（還有酬勞），我想，如果沒有他，我在「傳奇星」可能連現在一半的成績都沒有。

　　至於黑人哥，除了他一直很幽默詼諧的主持方式幫助我很多，也時常會來探班以外，他給我最大的影響就是帶我去看「93病房」的孩子們。剛來「傳奇星」的第一年聖誕節，我們以藝人的身分帶了一些禮物去「93病房」陪病童們過節。我一直覺得自己可以很堅強，然後送禮物給他們，可以帶給他們快樂，也可以給他們正面的鼓舞。在我看到他們不到十分鐘的時間，我就眼眶泛淚，Apple當時還在我旁邊推了我一下，小聲告訴我不能這樣。但我看著這些病童小小的年紀卻要面對身體上如此殘酷的痛苦，我真的覺得老天爺很不公平，看到他們很多人因為在做治療掉了很多頭髮，甚至還失去原本靈活的四肢，但他們還是很快樂地和我們講話，樂觀地面對這個世界，我突然覺得自己其實真的很幸福，可以做自己想做的事情，不用整天因為病痛待在病房戴著口罩，更不用承受他們身上的病痛，那我又憑什麼因為小事而埋怨呢？

此外，我也覺得他們的家人很偉大，為了給小孩最好的醫療環境，可能連房子也賣了，就為了能夠讓他們接受更好的治療。所以我在聽他們分享陪伴孩子對抗病魔的時候，我就直接淚崩衝出去，心情久久不能平復，他們對於生命的不屈服，勇敢對抗人生種種不合理的遭遇，還堅強地試圖分享正面能量給我們，我真的覺得自己何其有幸是這樣的健康。所以我非常希望有天我有更多的能力，能夠為他們多做些什麼，幫助這些病童們有生之年可以更歡樂一些。

　　其實先前有段時間，我主持到覺得好累好喪志時，是有個小朋友說很喜歡看我主持的「超聯萌女神2」，至少他在那段時間，讓他有短暫的時刻沒有這麼痛苦，是很開心沒有煩惱的，所以才讓我覺得我的努力對某些人來說是很有意義的，也給了我面對困難的勇氣。他們對於人生都沒放棄，我又怎麼能提早放棄呢？

　　從這些病童身上我發現，其實無論我們遇上多少的挫折和磨難，最後會陪在我們身邊的人就是家人，雖然很多時候必須一個人去抵擋這個世界很多不公平的攻擊，但我相信除了自己，一定還有很多力量在默默支撐著我們，在沒有人放棄我們以前，我們也不能輕易放棄自己！生命之所以可貴，在他們努力活著的生命力裡嶄露得一覽無遺，所以真的要好好愛惜自己，珍惜自己健康的一切，也謝謝黑人哥帶領我去看那些我無法想像的世界，我不因此感到難受，甚至又重新點燃我對於生命的意義，如果你們有機會能幫助這些孩子

們，也千萬不要吝嗇地多跟他們說說話，相信你們也能從他們的故事裡，找到快樂活著的意義！

其實一路以來，在演藝圈幫助我的前輩真的數也數不清，不僅僅是在我工作的專業上、心靈層面上，也幫我去適應這個圈子等等，沒有他們，我不可能做到現在的成績，或許也早早被演藝圈給淘汰了也不一定。我除了打從心底感謝，努力做到最好，不要讓他們失望以外，我沒有什麼能夠回報給他們的，只希望有天當我真的有所成就，也許是得了獎了，我一定要在頒獎台上公開的、大聲的一一向他們致謝，謝謝你們！

另外，有一個感謝可能來不及當著「寇桑」黃義雄先生他老人家的面說了，那就是，謝謝您在我狀況最不好的時候撿起了我，謝謝您教會了我在演藝圈的一切，最後謝謝您替我選了「夏和熙」這個名字！願您在天國一切安好，我知道

您還是會一直照看著我的，謝謝您～

　　最後，我還想說，我對於歷任帶過我的經紀人和助理都感到相當抱歉，因為其實演藝圈是相當現實的地方，當你有點成就，每個人、每個機會都會自動向你靠攏，但當你什麼都不是的時候，被瞧不起或者大小眼的差別待遇更是屢見不鮮。這樣的遊戲規則我是懂得的，但這都該是我自己去面對，是我自己要去接受的，不該讓誰和我一起承擔。

　　說真的，演藝圈的成就與否其實也都是我的，但他們卻把我當弟弟或小孩般無私地帶著我，事事為我著想，也用我的角度去幫助我，所以真心想跟他們道謝，帶我的經紀人和助理真的都相當辛苦，因為我目前還沒有什麼特別的成績，知名度也不高，他們只能拚了命地用自己的能力來幫助我，在我什麼都還不是的時候，動用了很多的人脈和關係，只為了試圖幫我得到更多的工作機會，讓更多的廠商找我代言等

等，甚至也有經紀人因為帶我，領著不高的薪水還處處吃閉門羹，最後還丟掉工作，我真的感到相當慚愧。

但也都是因為他們這樣一點一滴地為我累積，我才能一步步地走到這裡，謝謝這些陪伴我走過低潮的經紀人們與助理們，我期許自己不要讓他們的犧牲和奉獻白費，我會更用力地踩穩在演藝圈的步伐，每一個腳印，每一個足跡，都是我們過往一起打拼的痕跡。

常常有人說，想要成功必須要遇上伯樂，遇到貴人，我很慶幸自己能夠接受到這麼多人的溫暖和最實質的助力，也許我不是那匹毛色最美、跑得最快的千里馬，但我會盡力跑，跑得更遠更遠，讓你們再看見我的時候，已經不是當時乳臭未乾的小子，而是可以讓你們驕傲的大男孩。

Chapter 3

雙子男兒的白與黑

我不是一個多麼特別的人，
但我相信，我一定是個獨一無二的我。

我的黑夜與白天

一直很好奇，大家對螢光幕前的「夏和熙」印象是什麼？是講話連環泡語不驚人死不休，還是談時尚保養的美男，又或者是做什麼都能獨當一面的藝人？老實說，我自己也不知道哪一個才是真正的我。

其實在演藝圈，難免會遇到很多不開心的時候，但是我

很少將負面情緒帶回家，也很少和朋友提起，畢竟我在家中或者朋友眼裡，就是一個看起來很開朗活潑的人。但你們也知道，我就是一個標準的雙子座，白天我可以帶給大家歡樂，充滿陽光和開朗，但晚上回到家我就會滿滿的負能量，和自己獨處時又抑鬱又沉悶。（是不是聽起來感覺可以來點播一首《小丑》了～）

但每當我充滿負面能量的時候，我就會看很多的勵志書，希望可以從書裡所描述的生活和故事中得到啟發，然後投射到我自己的生活裡，而不是一味要我心靈成長，希望我這本書也能帶給你們這樣的感受！或者跟家裡的狗聊天，希望試圖找到一個出口，不要讓自己憋在心裡內傷。（哈，我沒瘋喔）

有時候我也會去騎馬，我很享受征服兩百公分以上視線、居高臨下的感覺，那會讓我忘記很多的不愉快。我也

會拼拼圖，因為在那過程中我可以很專心，同時獲得平靜。當然有時候我也會將自己灌醉，想藉由酒精逃避一些現實，但我很自律，頂多就是最難過的時候喝醉一天，其實也是一種釋放的方式。我不是那種會找人哭訴的個性，因為我覺得把這些東西丟給別人只會造成別人的負擔，更何況我記得一句話：「針不是插在你身上，你不會知道有多痛。」能夠有多少人可以感同身受我當下的痛苦呢？

所以我寧願先築一座高牆把自己關著，也不想輕易地被誰跨過或者推倒這座高牆，或許這就跟我為什麼上節目會先犀利地攻擊別人一樣，因為我不想先被別人攻擊，所以選擇武裝。

有一陣子在我最迷惘的時候，我寫了很多上了鎖的網誌，每天都寫很多負面的東西，雖然我知道隔天醒來就會沒事了，但我還是會忍不住寫下許多非常黑暗和負面的東西，

只因為我知道我身為公眾人物，不能傳達太多不好的情緒給大家，所以我只能選擇這樣的方式發洩。

那時候我過得很痛苦，回到房間我就是躺在床上不開燈，我知道自己是醒著，但我知道可能一整晚都睡不著，會一直呈現很憤怒和焦躁的狀態，做任何事情都無法靜下心，腦中的思緒不斷地繞不斷地繞，有時候甚至會想，全世界是不是都不需要我，那我生下來的意義是什麼？我主持不好唱歌不好，演藝圈可能根本不需要我，身旁的朋友各自都有伴侶、結婚，有個美滿的家庭，所以我可能對他們來說也不重要；在家裡，反正還有姊姊陪著父母，少了我一個也沒那麼重要等等。

這樣痛苦的當下真的只有「悲觀」兩個字可以形容在我腦中盤旋的想法，悲觀到即使我接下來把每一件事情都做好，我覺得我的人生也看不到什麼希望，心裡滿滿的都是

對這世界的排斥感，就算在人群面前我根本沒有任何異樣，但回到家的夜晚分秒都在煎熬著我，那樣的煎熬足以將我白天的所作所為全部都吞噬了。我想很多人想到這步可能已經想不開了，但對我來說自殺絕對不是解決辦法的方式，只是我很清楚知道，我心裡生病了，真的生病了。

所以我有嘗試去找心理醫生，然後依照醫生的處方籤服藥，雖然不知道最後好轉的原因是什麼，但我真的建議如果有發覺自己心理狀況已經不太穩定的時候，一定要尋求專業醫師的協助，先不管有沒有用，但至少可以更加釐清自己目前的心理狀況是怎麼樣。

不過漸漸的我發現還有很多人事物需要我，比如我的狗需要我，如果我不在了牠們也無法自力更生。每當我看著牠們，我就會好想變成牠們那樣無憂無慮，整天只要吃和睡就好；但反過來想，有的時候也很慶幸自己是人類，可以選擇

自己想要的人生。

除此之外，我家的狗每次看到我都像有用不完的熱情，也讓我從牠們身上學會了如何愛一個人、愛這個世界，學會在即使多麼無聊的生活中，也能時時保持著執著和熱衷。後來我養的前兩隻狗過世的時候，我原本真的無心工作，但後來仔細想想，牠們應該不希望我這樣，牠們來到我身邊只是一個階段性的任務，教會了我該會的事情後離開。所以我真的很感謝來到我家的狗狗，沒有牠們的陪伴，沒有牠們為我示範如何快樂地活在這個世界，我想我會有很多的低潮無法度過，很多樂觀的事情無法想通。

沒有人的人生是一帆風順的，如果有，那我也不希望那是我的。

謝謝這些，
無意間教會我人生道理的人

在這圈子裡，有件事情是我最難適應、卻必須狠狠適應的，就是太多的「不公平」。

有一次讓我印象非常深刻的低潮是，有個比我晚出道五年的藝人，擔任我正在參加的比賽評審，我是參賽者，他是評論我的評審，這對我來說是一件很震撼的事情，因為他的

經歷比我資淺很多，當時我站在舞台上，內心十分五味雜陳。

當然不是說演藝圈的成就一定是長幼有序，也不是說他在演藝圈的成績如何，但是有好幾晚我都會想，為什麼他出道沒多久就可以這麼順遂，可以受到大家的歡迎？為什麼當時在評審席上的人不是我，難道是我做錯了什麼嗎？是不是我真的哪裡做得不好？雖然製作人有跟我說，不是我哪裡不好，只是電視台高層的決定，但那次真的讓我挫折感很重，想著我都這麼努力了，為什麼還是沒有得到我想要的結果，為什麼這麼不公平？

後來我也認識一位 L 先生，他的家世背景很好，外型呀、歌聲呀、演技呀什麼都很好，甚至連姊姊也很漂亮，在演藝這條路上過得相當順利，拍了第一部戲就入圍了新人獎，唱片、代言、活動也陸續接不完。看在眼裡真的很羨慕

他，雖然知道人生無法比較，我也有自己的優勢，但在演藝圈裡很難不去拿自己和別人放在同個天平上秤。

不過既然不公平的事情已經存在，我也只能接受，甚至也會開始轉念，當我覺得某件事情不公平時，或許別人也會覺得對他們來說，我所獲得的也是不公平，比如像是當初為什麼在「大學生了沒」錄影時，陶子姊只喜歡和我講話、給我機會，或者當初「大學生了沒」有這麼多的男生，偉忠哥卻只簽下我和幾個人而已？

也就因為這樣的轉念，讓我開始明白，其實很多時候我們不要老是去羨慕別人，因為別人同樣地也會羨慕你。更何況，假設我們只是憑運氣獲得了許多不公平的好處，那我們真的確定已經做好心理準備，接受這些不公平了嗎？會不會在爆紅之後得了大頭症而處處樹敵，讓自己在業界的名聲臭掉，甚至做了很多不好的事情上新聞社會版？

當我們內心的天秤開始失去不平衡時，就要回頭思考，其實我們也有很多很好的地方可以讓人學習和觀摩，別人可能也羨慕著我。再來，其實我們都要回頭檢視自己，既然身體健康、四肢健全，和家人相處融洽，那麼我們還要苛求什麼呢？當我們人生走到這個階段，就會了解到最簡單的幸福才叫幸福，不要要求的太多，不要不懂得知足，才是放過自己最容易的方法。

我常常很謝謝老天讓我遇到這麼多可以令我羨慕的人，我還是會一直繼續羨慕著你們的；但同時，我也會繼續努力，成為別人眼中羨慕的那個人。

再來談談 Y 小姐，她是一個怎麼虧她都不會生氣的傻大姐。她一開始不懂得怎麼體會生活，只是一味地逼著自己過著辛苦的日子，後來她開始改變了生活模式，我問她為什麼？她說了一句讓我印象很深刻的話：「**與其一味地勒緊**

褲帶過著辛苦的生活，何不捲起袖子過自己想要的生活？」
雖然後來生活改變了，但她談了幾段感情都不順遂，有時跟
我們開心分享，有時候又哭著說男友劈腿，所以我們也都會
笑她說何必對感情這麼執著，或者看到喜歡的人就奮不顧身
去愛，才會這麼容易被傷害。不過當我看著她這樣改變生活
和對愛情的義無反顧，受傷也能痛快大哭，忽然才覺得這不
就才是人生？

　　如果沒有這樣悲喜交加，沒有經歷悲歡離合，那人生不
是相當乏味嗎？像我自己就沒有她那樣追尋愛情的勇氣，也
無法和她一樣想做什麼改變就做什麼改變。她只是看似很單
純、很蠢（對，又是蠢），但其實對自己的人生有一套哲學，
從她身上我看到無論優點缺點，都讓我學到了很多。所以
希望你們都能夠珍惜身邊的朋友，因為他們都是獨一無二，
無論他們做的是好事或壞事，對於我們的人生一定都有不同
的幫助。

還有一位 C 小姐，從她身上彷彿看到了另外一個我。她出生在很傳統的軍人世家，家裡的要求很嚴格很保守，而我們的共通點就是，我們雖然出生傳統，卻同樣想要在演藝圈立足，理所當然也會接受到家庭很大的反對。她的家人常常跟她說，明明有好的大學跟科系，為什麼不好好找個單純的工作？但她也很有勇氣地跨出了第一步，用自己的實力贏得了家人的支持，我很佩服她的努力和勇敢，願意不斷精進自己，也不斷地嘗試和改變。

　　其實演藝圈就是要一直改變，無論是外型（不是說整型喔）、內在（不是要變得勢利嘿）、才藝（對啦～這個啦！）等等，所以她就像是一個很好的範例（也不是在說她啦！），看著她願意對抗家庭，從備受阻礙轉而讓家人信服，也讓我對自己開始有了信心，因為她都可以做到，為什麼我不能？**所有的黑夜都會過去，黎明終會出現**，每次看著她，我都會督促自己要向她看齊。

　　前陣子拍戲時，我問前輩們到底怎麼塑造一個角色，好讓自己進入這個角色的靈魂，完美詮釋這個角色？前輩跟我說，**詮釋一個角色就像是捏黏土一樣，一開始必須很柔軟**，讓自己去摸索塑造，讓導演以及任何工作同仁、前輩一起幫忙塑造，把這個角色捏好完成以後，就必須很剛強地去詮釋大家徒手形塑的這個角色。

　　後來我發現，原來做好一個演員跟過好你的人生很像，人生就像是一場戲，一開始我們根本也不清楚自己能做什麼，就像黏土一樣，絕對不要在一開始的時候就給自己設下很多的框架，而是邊走邊看邊學邊捏，才會知道自己適合什麼。如果最後找到了確定自己可以做，或者想要做的事情後，就要剛強且無畏地去完成設立的模樣和目標，即使在人生這條路上，你的黏土可能太過剛強而產生裂縫或者斷裂，那就再拿新的黏土去補上，也可以是一個很好的拼接，就算黏土的顏色不一樣，質地不一樣，風乾時間不一樣，但這

些用挫折拼湊出來的形體，不就是一路以來我們努力的樣子嗎？或許不是當初內心所設想的樣子，但卻實實在在地充滿我們的歷練與靈魂，那才真的是最好的樣子！

　　所以我真的很感謝這些年來一點一滴的累積，走過這些必經的過程，也認識了太多值得我學習的人，即使他們並不是有意要教會我什麼，但我從他們的身上扎實地學習到太多值得我效仿的部分。我相信，只要我持續從演藝圈裡每個身懷本領的人身上得到啟發，從他們的優點裡學習，從他們的缺點裡反省自己，我一定可以成為比現在更好的人！

曾經有人跟我說，今天捧你的，明天也許會毫不留情地踩你；今天踩你的，說不定明天會搶著捧你，人生所有的得意和失意，所有的喝采和喝倒采，到頭來都是過眼雲煙，當下笑過哭過就好，然後還得回到你孤獨的奮鬥裡。

Chapter 7

韓式美男力

先知道自己適合什麼，
再從適合的方向慢慢打理出自己的風格。

熙力美男

　　我想很多人提到夏和熙，都會覺得我就像是電視上那樣好像很注重外表，妝髮一點都不能有閃失，甚至還會被歸類在愛美的男孩吧？但老實說，我以前是完全完全不打理自己的，頭髮超亂、衣服隨便穿，更別説化什麼妝了。直到我開始上節目以後，某次化妝師姊姊幫我貼了人生第一次接觸的雙眼皮貼，把我的內雙瞬間變得炯炯有神，瞬間讓我驚

為天人，覺得化妝品根本就是來自天上的寶物呀，怎麼那～麼神奇！輕而易舉就將臉上的瑕疵遮蓋掉，開啟了我對於化妝的興趣，也才慢慢地走入「打扮和保養」的世界裡。

很多人都說我皮膚很好，身材也能保持得很纖瘦，但其實我也曾經因為工作壓力大，生理時鐘整個亂掉而變成大花臉，也曾因為仗著自己年輕可以大吃大喝，如果你們回去看我「強尼草莓」的年代（乀，我說說而已，拜託別真的回去看 XD），臉肥得跟什麼一樣，連妝也濃妝豔抹得要命，現在再看那時候的影片，真的會很想殺死自己！

後來為了讓自己能時時保持在最佳狀態，我平常固定都會上健身房做重量訓練，最變態的是我每天都一定要慢跑，哪怕當天我可能只有四個小時的睡眠時間，我還是會拿一個小時來慢跑，否則我會渾身都不自在！

　　為了維持體態，我真的是會放棄很多可以讓自己放縱的機會，有重要活動前的一兩個月，甚至只能吃水煮的食物，才能讓自己看起來更上鏡。有人說，吃糖容易胖臉，吃澱粉容易胖肚子，所以我只能逼著自己不去碰原本最愛的食物，有時候吃到很好吃的甜點真的會很想落淚，但如果在工作期間壓力很大時，我還是會一個禮拜放縱自己吃一次平常不碰的美食，像是速食呀、甜點呀之類的。

　　但我的好朋友嚴立婷就從來都不吃甜食，近看她臉上幾乎沒有任何的毛孔，也讓我慢慢戒掉精製糖的食物。另外像是枕頭套，我建議一個禮拜至少換一次，否則臉很容易因為塵蟎而長滿痘痘；還有我也很少喝奶製品，以前只要常喝臉上就會痘痘粉刺一堆，當然這都是因人而異，還是要先知道自己的體質適合什麼、不適合什麼，才能找到最佳的飲食保養。

除了外在的保養，內在健康也很重要，像我現在都會帶兩個保溫杯，裡面都放滿中藥，以提升身體的免疫力。因為我很怕生病而影響到整個工作團隊，不想因為自己的狀況不佳而拖累別人。所以有時候我常看新聞標題說某某藝人雖然重感冒但還是很敬業的完成工作，我就會覺得這在心目中並不能算是敬業，畢竟還是因為個人的關係而影響了團隊的運作，雖然很多藝人真的忙到沒有時間照顧自己，但我還是覺得身為藝人，就要對自我的要求很高，當然不是說我都不會生病感冒，但至少要盡量保持好身體的健康，避免生病，才是對於自己工作應該要有的態度。

　　前陣子來到一個保養的瓶頸期，抗老抗垂的保養品沒少擦過，但還是敵不過討人厭的地心引力，蘋果肌都變成「嘴邊肉」了，對！你沒看錯，就是嘴邊肉！畢竟都到了歐爸的階段了，如果還自稱是嬰兒肥實在是有點糗，哈哈哈哈！身為藝人，在保養方面當然也是不敢馬虎，嚇得我立馬出

門到聖宜診所找陳諭正醫師求助，當時我第一個想到的就是向醫師諮詢音波拉提，真的很多藝人朋友都是定期打音波當保養，因為是非侵入式的療程，照顧容易恢復也很快！至於為什麼不是選電波而是音波，這個問題大概有 1000 個人問過我，當然電波跟音波還是有一些差異，想要詳細了解的可以去找醫生諮詢，但就我個人的感受來分享，我覺得音波痛感比較低，療程又快速，目前已經列為我人生的保養守則第一條！

還記得第一次要做 V 無痕音波拉提療程時，是找通告跟通告之間的空檔來打的，時間很趕所以完全沒有先敷麻藥，做完臉部清潔後就立刻躺平然後開始打音波，回想起之前打個雷射就痛到全程狠瞪醫生，就知道 V 無痕音波比較起來有多舒適輕鬆了，我還一邊打一邊跟醫生聊天咧！而且療程後只要多注意保濕及防曬，不需要特別照顧，晚上立刻再上一個通告也沒問題！我覺得對忙碌的現代人來說，是高效率又高 CP 值的保養選擇！

（圖片提供 / 聖宜診所）

　　療程後大概過了一個多月，自己真的有覺得臉部肌膚變得緊緊的，原本鬆垂的嘴邊肉也拉提上去了，相對的法令紋也看起來比較淺了一些，上鏡頭跟拍照時候最在意的輪廓線也變得明顯……完全傻眼！我想現在醫學科技這麼發達，大概就是為了解救我這個懶人吧！保養品可以幫助的有限也比較淺層，肌膚深層的保養跟鬆弛問題我就交給 V 無痕音波啦！陳醫師說，每個人因為年齡跟肌膚狀況不同，需要的療程跟週期也會不同，就我的狀況來說，積極一點保養的話可以 6 ～ 8 個月就打一次，懶惰一點的話隔一年打一次也是 OK ！但為了避免猖獗的「嘴邊肉」再出現在這個世界上，所以我想我會積極的找音波小姐，大肆的拉提，及時 Hold 住現在的鮮肉狀態！

（圖片提供 / 聖宜診所）

熙力
保養

　　保養品不能一套沿用四季，因應不同的環境和氣候，選擇適合的和對的產品，才能隨時隨地完美地出現在大家面前！當然皮膚本來就會有自我防禦系統，有時候不用過多的保養產品也能很好，所以一個月裡我會有一天什麼都不擦，讓肌膚好好的大口呼吸，不管如何，一起來讓自己變得更美好吧！

卸妝洗臉

　　一開始會選擇 Banila co.，完全是因為私心，因為是少女時代的太妍所代言的產品，為了得到海報所以在韓國當地

Banila co.
零感肌瞬
卸凝霜

大肆地購買，後來回到飯店一試，發現真的太好用了！因為很多粉底產品都需要乳化才能融出皮膚裡的殘妝，霜狀的質地不會滴得滿地都是之外，也不會讓肌膚因為卸妝產品太厚重而產生負擔，適合全臉使用，推開後需要一點時間讓臉上的彩妝品乳化，再用濕紙巾擦掉就完全乾淨，通常我會使用兩次，把臉卸得更乾淨！

平常如果只上隔離霜或只畫眉毛，就會只用這瓶竹子卸妝水輕輕地擦拭卸除，不過有時候（真的只是有時候啦！一年中大

TonyMoly
有機竹子純淨
天然卸妝水

概 10 天吧）因為真的太累或喝醉酒沒力氣好好卸妝，就會隨興地邊洗澡邊把這瓶灑在臉上，因為有灑（卸）總比沒灑（卸）好！

　　每天最重要的一件事之一，就是把臉洗乾淨，不管有沒有化妝，只要出生在這個地球上，只要一出家門或開了窗戶，你就會要知道洗臉這件事有多重要！粉狀是我選擇洗臉產品的第一條件，能搓出綿密的泡泡是洗臉粉最讓我喜歡的地方，而且方便好攜帶，不會像條狀或罐狀，又重又怕不小心擠得到處都是，重點是洗完不會緊繃不適，又可以深層地清潔皮膚的髒污。另外，提醒大家水溫最好不要太高也不要太低，才能讓毛孔打開好好清潔，還能保留皮膚原來的皮脂。

Fancl
淨膚柔涓
潔顏粉

保養之前，每天的洗臉卸妝絕對是重頭戲！妝沒卸完全，臉沒有洗乾淨，塗再多的保養品都是浪費，雖然不可能像化妝一樣多的時間，但至少花個 5～10 分鐘卸妝洗臉是必要的，不然你以為你畫了這麼久的妝，三分鐘就可以卸乾淨嗎？那只代表你的化妝品不持久，而且你的臉也會因為沒有卸除乾淨而開始有小粉刺和痘痘！

化妝水

韓國最初也最好用的神仙化妝水，因應現代天氣和空氣品質，持續推出了好幾代，會想用是因為想要跟韓國人一樣可以有亮到不行的皮膚，因為韓國人常常說：保養第一步是保濕要做得非常好，不管是黑皮膚、黃皮膚還是白皮膚，皮膚水分夠了，就立刻會有亮亮的光澤感好肌膚！

Iope
神仙水

當初會下手這瓶是因為搭飛機時聽到旁邊的客人說她要買這瓶化妝水，當時我心想：這麼多品牌為什麼是買 Estee Lauder？後來聽到空姐說：飛機上只剩下兩瓶，因為賣得太好

Estee Lauder
微分子肌底
原生露

了！我就很跟風地說：那最後一瓶就給我吧！然後就一直用到現在，後來才知道它一直是這個品牌的熱銷商品，我喜歡它的保濕感，不管去到哪裡都像是穩定肌膚最重要的定心丸，重點是可以拍上好多層，讓肌膚像是喝飽了水。

知名品牌其實不需要多加介紹，可是我還是想要大大地誇獎一下這瓶，除了消除痘疤特別有效外，細紋和讓肌膚亮白也是面面俱到，聽說在做這個品牌的老太婆們，是

真的七、八十歲的那種老太婆，她們釀造的手跟 18 歲的少女一樣！我不誇張，是真的……聽完差點整罐倒在臉盆裡把臉泡進去！

SKII
青春露

Kiehl's
藍色收斂水

剛作完臉需要收斂毛孔，我極推薦這一瓶，擦完無辜小狗眼都能立即變成馬尾鳳眼（我誇張了我知道）！就知道收得有多緊了吧？但我只會用在 T 字部位還有下巴，然後就可以跟毛孔說再見啦！

保濕精華

因為韓國天氣真的太乾燥，所以冬天時我都會在妝前保養用上這瓶，然後就會覺得自己很像新娘在宴客前，化妝師為她們用的「急救安瓶」，讓沒化過妝、不常化妝、皮膚不好、保濕不夠的皮膚的妝感立刻服服貼貼！沒有結過婚的人可能不知道我在說什麼啦，以後你們結了婚就知道了！（講得好像自己已經結過婚了似的）

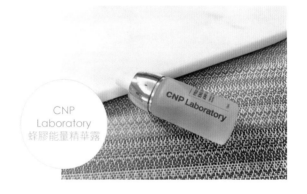

Lancome
超進化肌因
賦活露

　　説有多誇張就有多誇張，身邊的藝人朋友們，化妝台上絕對都有這一罐！當然我也有（到底有多怕輸），尤其在季節轉換變化很大的台灣和常常出國的我們，時常因為這些外在因素讓我們看起來好像很疲憊，但是大家晚上都會用上這瓶祕密武器，就算是有時候睡不好或是睡眠不夠，也可以抵擋個一兩天不被看出來皮膚的疲態和暗沉，當然還是要好好睡啦，不是說擦了這一瓶就都可以不用睡喔！不過改善乾燥和粗糙是真的很有效。

美白淡斑精華

　　前面有提到這個品牌的保濕精華，韓國天氣乾燥所以很注重保濕，但更注重美白及無瑕，這一瓶美白淡斑精華絕對是我個人唯一首選，不用不知道、一用哇哇叫，哇哇叫的原因是因為原本很花時間處理掉的曬斑，短時間內斑點明顯變淡和改善很多，當然如果是什麼顴骨母斑啦或是什麼妖怪亂七八糟的雀斑，那我也只能說──沒關係啦，跟外國人一樣耶！很可愛（逃）

CNP
Laboratory
美白賦活精華露

不騙你，我才擦三天居然已經有慢慢變白的跡象，一開始使用後脖子就有色差，也是嚇得我亂七八糟的！沒有配合飲食，就是這麼神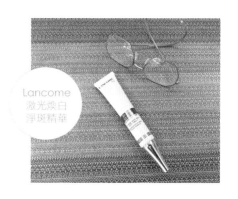奇！不過淡斑可能不是首選，在使用的時候最好連脖子一起帶到，身體要美白再說，至少先讓衣服以上的脖子和臉的顏色沒有太大落差。

熙力小叮嚀

　　美白和淡斑都是需要時間的，不能操之過急，我知道大家都很關心美白，所以我在今年夏天把自己曬黑，是真的曬得很黑的那種古銅色，一來是想試看看曬黑的滋味，另外就是要來試試美白產品，吃的、喝的、擦的、噴的，然後還試了很多沒效的、效果很慢的、臉會爛的會腐蝕的（畢竟美白產品很多酸類），終於試到我覺得擦的功效最好的這兩罐，不過美白不能只單靠擦保養品，多吃薏仁、珍珠粉、維他命 C 和防曬都是不可或缺的！

乳液

Dr.Jart+
分子釘修護
凝露

韓國眾多彩妝師推薦的乾荒肌救星，是一罐同時是化妝水＋精華液＋前導液三效合一的凝露。當時天冷、臉緊繃得要命導致乾癢脫皮，擦了它之後皮膚很快就得到舒緩，另一個喜歡的原因是無人工色素、無人工香料、無刺激性酒精成分，加上不黏膩好吸收，同時保水力很好。

Eucerin
乳霜

用了好幾罐的乳液，原本不想介紹，因為我也怕去韓國買不到了啊！這罐保濕很厲害不說，也是一直在改變的新產品，現在又多添加

了抗老的成分，我還推薦給我的老闆 Andy 哥，他用完隔天就容光煥發，身邊的人一直稱讚他臉在發亮，也不想想是誰推薦給他的！（得意）

韓國男生常用的保養品牌中，moonshot 的保濕產品算是名列前茅，味道好聞不說，光是因為 GD 在廣告中使用的時候很時髦，就讓人也會幻想用完會變成 GD 啊！

這瓶很多皮膚科醫生都會在肌膚狀況不好的時候推薦的乳液，在很多醫美診所都買得到，會接觸到其實是因為某次在韓國的美容室化妝師姊姊幫我用了這瓶乳液，說有多神奇就有多神奇，改善鼻翼脫皮不說，連下巴的暗沉也因為保濕成分所以亮度提高，然後我就把這罐當成妝前乳液一直用到了現在！

抗皺

　　這支是 Vant36.5 的 2017 年新產品，針對減少動態紋所以設計的，例如法令紋、木偶紋，含有金箔成分，金箔是對抗皺紋的法術，動態紋如果不及早好好對付它，那真的後悔莫及，尤其木偶紋，久了沒辦法救之後，可能會看起來像安娜╳爾，她的確是木偶娃娃，但誰要看起來像她啦！（希望她不要買我的書，不然我怕她晚上來找我 XD 不過就算我很害怕，還是會提起勇氣送她這條我僅剩的抗皺精華）

Vant36.5
抗皺精華

抗痘

前一陣子剛好在韓國工作，我的臉因為壓力和缺乏睡眠，長了一臉爛痘（不過我沒有要公開照片），

身邊的韓國工作人員告訴我，這條大韓民國人人都在用的痘痘軟膏，在韓國被稱為「嬰兒面霜」，標榜能讓肌膚回復嬰兒時期般無瑕幼嫩，尤其是正要崛起或脾氣鬧很大的痘痘，睡前擦上薄薄一層，隔天起床明顯消退很多。

急救用的痘痘仙丹，擦上會帶點刺痛，擦的時候記得咬個拖鞋或是毛巾（開玩笑啦），不然我怕痛到打破鏡子！雖然痘痘會好得很快，但皮膚太薄或容易過敏的肌膚不太適合這麼激進的產品，上次看到視頻裡某位歐美大牌 model 也是愛用者，雖然她沒有介紹，但還是被我發現她跟我用一樣的耶！（尖叫）

熙力小叮嚀

抗痘很多方面需要注意，尤其是每天清潔要做好，選擇適合年紀的保養品之外，臥室的枕頭套、棉被和床單，幾天可能就需要清洗一次，尤其是枕頭套；飲食方面也要多多注意，攝取過多的糖分也會容易長粉刺和痘痘，再來就是奶類的攝取，不是每個人都適合喝牛奶，要好好了解自己的體質才不會一直有人在臉上開演唱會（尤其是韓國團體人數多，一次一場演唱會可能就超過 9 顆痘痘 XD）

去角質

　　質地是液狀混合顆粒，適合較敏感和皮膚較薄的朋友們，亦或是去到寒冷的國家、不會大量出油但又需要去角質的時候可以使用。

Eucerin
去角質液

熙力小叮嚀

　　一個禮拜大概一到兩次的去角質是免不了的，不然整張臉會暗沉得很不像話！我常常會觀察身邊的工作人員和攝影師們，他們可能從來都沒有去過角質，每天看著他們臉上的脫皮和超級粗大的毛孔，實在看不下去，所以我常常送他們去角質產品，沒有先做好去角質的步驟，放吃不進皮膚，連保養品也沒辦法好好吸收，身體有器官代謝，皮膚需要去角質產品來代謝掉不需要的皮脂，「做好去角質才能給你好膚質」，是我的保養金句。

BOBBI
BROWN
煥白淨顏粉

這款因為顆粒較大需要配上洗面乳，但因為含有紅豆粉，可以去除大量的老廢角質，還能促進細胞新生。會選擇它是因為適合台灣較為濕熱的天氣使用，一個禮拜使用一次或兩次，但是記得收斂毛孔要做好，不然毛孔很大很沒有禮貌唷！

抗敏

如果在過敏的期間，我只會使用這罐噴霧舒緩、潤澤皮膚，然後再擦上薄薄一層乳液，先改善皮膚的不適後再慢慢調理，雖然單價甚高，不過會這麼貴還是有一些道理，畢竟會選擇這個品牌，是因為他們提倡連受傷過的肌膚也可以立刻使用，所以在不清楚皮膚狀況如何時使用，是再合適不過的了！

LAMER
活膚舒緩
噴霧

保養油

這款韓國網紅最愛的保養油，只要滴幾滴在掌心搓至溫熱後按壓在臉上，不但可以保濕補水還可收縮毛孔、緊緻臉部線條，我自己在使用氣墊粉餅前會用一滴保養油按壓於臉部再拍上粉底，讓妝感更服貼更輕透，同時臉上會呈現一種自然光澤，不過，油性肌膚請勿輕易嘗試喔！

Fresh
海莓保養油

　　近年來流行油保養，我個人是不建議在夏天施行油保養，畢竟我們住在的是濕熱的小島啊！不過因為長時間的飛行和平時待在冷氣房、暖氣房的時間很長，就很需要用油來保養我的肌膚，尤其是在給化妝師上妝前，我自己會塗上薄薄一層油，一邊讓臉吸收保養油，一邊按摩穴道，避免因為太乾燥而拉扯到皮膚，是我推薦給大家妝前保養消水腫的小祕密！

kiehl's
早安煥采
能量精露

眼部護理

不知道大家會不會跟我一樣，桌上堆著一區歐、美、日、韓開價／醫美小聯合國眼霜區，幾乎各式各樣的眼霜都買過用過，最後擦沒幾次就都堆在一旁？目前覺得最無負擔的一款眼霜，因為它的神仙水

lope 眼霜

而很有信心地又買了眼霜，首先很大一瓶很划算，乳狀質地很好推開，而且我個人覺得對一早拋拋浮腫的雙眼很有效果。

熙力小叮嚀

眼周的保養特別需要小心呵護，稍有不小心會產生更多的細紋或需要去雷射的小肉瘤，多一點不行、少一點也不行，只能剛剛好！再來，雖說男生眼周有些細紋是成熟的象徵，但不小心多了還是很容變成老皮嫩肉，明明 25 歲看起來像 35 歲，眼周真的很容易洩漏年齡，所以如果你還是嫩皮嫩肉時，就好好保養，以後要有多成熟的眼周，你攔也攔不住，現在能攔，就好好攔著吧！

唇部護理

韓國乾燥出了名，大家會以為 3CE 只有唇膏顏色多，殊不知護唇膏才是真的好用！超級保濕，但不是太便宜是真的 XD

某家航空公司的某位知名空姐推薦給我的，一樣不是這個品牌大家常買的商品，晚上擦上一層，隔天白天真的不再需要一直擦護唇膏，連唇紋都越來越淡，雖然單價一樣不便宜，但嘴唇真的是最值得投資的部位，畢竟好親的嘴唇是人生很重要的名譽之一啊！

急救

　　充滿了滿滿維他命 E 的乳液，如果真的大脫皮或是凍傷曬傷，這瓶絕對是人生必備良品之一！因為我曬傷過也凍傷過，都是它救了我！不過這罐小小、黑黑的產品打開來味道可能不是大家想像的是這個品牌的香味，或是大多數人會喜歡的味道，但就像一個小小黑黑的仙丹，可以立即讓肌膚恢復心跳（就是彈性和光澤啦）！

JO MALONE
維他命 E 凝膠

睫毛護理

常常擦睫毛膏的人需要睫毛護理，沒有擦睫毛膏的人更需要睫毛護理！一雙濃密得跟駱駝一樣的睫毛，會讓你像高壓發電機一樣電翻全場！

L'OREAL
賦活新生睫毛精華
液金緻升級版

防曬

　　紫外線絕對是所有人的敵人，不好好防曬會加速老化，不僅如此，曬後的斑點更不是一天兩天能解決的，雖然可以打雷射，但這終究不是長久之計，認真的防曬才是人生重要的課題！出門 30 分鐘前記得使用防曬產品這個就不特別提醒了，SPF 和 PA 值都要好好看清楚，想要像韓國偶像們一樣白皙的皮膚當然要付出很大的努力！

　　Banila co.、Ocean、LANEIGE 這 3 支防曬我都很推薦。

Ocean 溫和
親膚防曬乳液
SPF50
（兒童可用）

LANEIGE
清透保濕防曬乳

Banila co.

熙力
彩妝

隔離潤色

對我來說，如果沒有潤色乳，粉底液永遠無法買對色號，因為我膚色偏紅，所以我通常選擇綠色；至於偏黃的肌

LANEIGE
水透光提亮隔離乳
SPF41 PA++

膚可以選擇紫色潤色乳，偏黑的就謝謝下一位……不是啦，偏黑的可以買橘色來校正膚色，接著上底妝會變得更容易更簡單喔！

皮膚有狀況時會不易上妝，妝前乳特別重要！尤其是易敏膚質或泛紅，大推這支 10 月才上架的 CICA CREAM，妝前一抹，強化肌膚自生能力並鎮靜穩定膚況！

IOPE DERMA REPAIA CICA CREAM 抗敏鎮定集中修護乳霜

YSL 名模肌密光燦水凝露

千萬不要小看妝前乳的作用，你會需要它喚醒肌膚和填補肌膚上的空隙，如果皮膚太乾燥可以跟我一樣混著乳液一起使用。

熙力小叮嚀

沒有隔離直接讓粉底或空氣直接接觸皮
膚其實傷害很大，第一步驟就要好好選
擇；至於潤色，技巧是將臉分為四等份，
依額頭／臉頰／鼻子／下巴，以指頭將
隔離輕點全臉，而且點越多越好推勻，
也不會有區塊遺漏。

laura mercier
喚顏凝露

粉底

GIVENCHY
光感美肌輕透
粉底液 SPF15
PA++

以粉底液來
說，這款沒有亮粉
但是帶著自體發光
的粉底液體，是我
最喜歡用的粉底
液。

YSL
超模聚焦
光感粉底液

去到較為熱帶或潮濕的國家，需要的就是這罐粉底液，雖然粉感較重，但是中和過臉上出的油之後會自然到不行。

第一他的外型帥炸了！鋁製髮絲紋的盒子設計其實很像一顆很帥的行動電源。粉底有多色可選，包括陽光男孩的健康膚色都有，所以不用擔心臉泛白的問題，遮瑕力也很強。

IOPE
男士專屬
氣墊粉餅

在最快速最簡便的狀況下，簡單的氣墊輕拍個幾下和著眼周的 BB Cream，就變得重要無比，一點點的好氣色就讓別人幫你大大加分！這是一個針對男生專屬設計的品牌，黑色系包裝用起來也比較 man！軟管好攜帶，而且 30ml 可以用很久，遮瑕力強又可以控油，相當適合初學修飾系的人入門。

DTRT
男士
BB cream

熙力小叮嚀

使用粉底液和氣墊或 BB 霜的技巧，可以沾取一點粉底由臉頰向外輕拍，依照臉部需求以此類推，就可以擁有如韓國歐巴般的無瑕美肌！但切記不要貪心，才不會像「面具臉」。

蜜粉

這是意外發現的一塊蜜粉！首先盒上清楚標示24 小時，就表示他能全日定妝！粉體很細所以當然很輕透，話說 24 小時

innisfree
無油光薄荷礦物
控油蜜粉

的定妝力，當然還是會出油，不過是真的滿持久的！另外，我發現它能讓眼影不易暈染開來，很適合眼皮易出油的人。

laura mercier
柔光透明蜜粉

推薦這款給追求自然的男人妝，如果不需要過多的餘粉，只要看起來乾淨、不要油光滿面，很適合使用這款。

遮瑕

BOBBI BROWN
完美修片遮瑕筆

遮瑕產品多到不行，從膏狀到液狀再到筆狀，用遮瑕筆是因為我是男生沒辦法帶著粉餅或一整盒的遮瑕膏，只能在最精準和最快速的狀況下補妝，所以一支遮瑕力佳並且好推的遮瑕筆，就是必備的重點！

修容

3CE
雙色打亮修容餅
magic touch
face maker
（共 2 色）

因為韓國各大藝人明星級彩妝師大力推薦，所以就抱著好奇心態買了！開始在彩妝打底的世界中進階到修容這塊共有兩款，我大推咖啡粉色款，能讓你的眉骨、鼻子輪廓更立體明顯。

熙力小叮嚀

修容的重點一樣是不要貪心，打得太亮或刷得太暗都很容易變成國劇臉喔！

眉毛

ETUDE HOUSE
四線眉刷 TINT MY
4-TIP BROW

　　一拆開相當新奇的四刷頭讓我驚喜不已，第一次使用後更是驚為天人！首先有四個色號可選，我主推 4 號，是一種亞麻咖啡灰的神祕色，能讓眉毛刷出根根分明的自然假象，就連髮際線或男生在意的鬢角也能自然地刷出效果，重點是它還抗汗防水。

熙力小叮嚀

眉毛是一門很重要的學問，沒有了眉毛運氣也不好，我真的沒騙人，有朋友因為去漂了眉運勢大開，但怕痛或喜歡改變的人，還是比較適合每天乖乖畫眉毛，眉頭淺、眉尾深是唯一宗旨，什麼都可以忘記就是這個宗旨不能忘記，隨著不同時間流行不同眉型，提醒大家眉毛的顏色要隨著髮色改變，既然染頭髮，眉毛也要記得跟上，另外提醒，沒畫眉毛或是畫得太濃都很嚇人，我知道很難拿捏，人生就是這麼難，畫眉毛也是這麼難，我個人化妝花最多時間的真的是眉毛！

唇部保養

　　護唇膏很重要，潤色也很重要，我沒有推薦一定要擦唇彩，只是需要一些看起來氣色好的色號和帶有粉色的護唇膏，因為滿嘴死皮真的很讓人倒胃口，或者是嘴巴油亮得跟剛吃完豬腳一樣也很可怕！所以要好好拿捏！男生一定要選擇滋潤但是不油亮、或者是改善唇色的護唇膏，嘴唇太黑真的很倒胃口，很像中毒，女生也一樣，不僅要滋潤，也要在對的場合擦上對的唇膏顏色，不要去超市擦一個大紅色，也不要參加婚宴時擦一個裸膚色導致整張臉慘白，一支好的唇膏真的會讓人留下更多好的印象。

YSL
情挑誘光水唇膏
（NO.12）

身體保養

Tom Ford
身體油

平常洗完澡在身體微濕的情況下塗上乳液，是吸收最好的時候，尤其是女生，一定要記得每天塗乳液，不然臉上的妝畫得很完美，但皮膚卻乾巴巴的，一點都不好看！我都會再拿凡士林加強手肘和膝蓋的部分，尤其是常穿短袖和破褲的人也要特別注意喔！

韓國偶像不管男女，手臂和腿上一定少不了的就是上油和打亮，通常我會選擇好吸收又帶點香味的產品，一來在舞台上燈光打下來皮膚閃閃發亮之外，還帶點香味，讓大家記得你舞台上的模樣！另外偷偷透露很多女偶像上完帶著閃粉的打亮膏後，還會在膝蓋上一層粉紅色的腮紅，讓腿看起更像芭比娃娃。

　　曬黑也是一門學問，要怎麼曬得像歐美名模一樣，看起來健美又不會黑黑髒髒的，助曬產品的選擇就很重要！如果什麼都不擦就直接曬太陽，不但容易曬傷，曬出來的顏色也不會這麼均勻和有光澤！

　　曬的時間也記得要好好掌握，曬黑跟美白一樣不能急，室內最好的時間是 6 分鐘，室外要記得像曬魚乾一樣，一面 15 分鐘差不多！助曬油在曬的時候較為保濕，如果是助曬乳的話，就是在沒能立即沖澡的地方比較方便！記得如果要下海玩水的話，記得要沖乾淨才能下水喔！畢竟我們要好好愛護我們的海洋，才能一直有漂亮的海洋和沙灘可以曬太陽。

燈管：Dr.krol 德國助曬原液／室外：Ocean 陪護助曬乳

熙力小叮嚀

另外有些助曬產品有仿曬的成分在裡面，在穿著淺色衣服時要特別注意；另外建議臉不要常常曝曬，才不會提早老化，可利用粉底液來讓臉和身體顏色統一。

香氛

因為在韓國電視劇裡鬼怪用的香氛蠟燭，讓我認識了這個品牌，黑白的設計讓人更注重味道的質感，尤其香片是大理石紋的設計，讓人在忙碌的生活裡因為高雅的設計而有了一絲安慰！過慣了快節奏的生活，還是喜歡親自去挑選自己喜歡的味道，因為每個階段都有著不同的故事和香氛羈絆，讓每個平凡的日子都擁有這些味道的治癒。這個品牌我自己喜歡的味道是 Another morning，不知道為什麼，味道很清香，很像某一個早上某一個人幫你把衣服洗乾淨後放在衣櫥中，讓人好安心。

「Life is better when you smell nice.」和「You're playing with matchs and i have a paper heart.」是這個品牌放在火柴盒上的標語，讓人在點上蠟燭的時候靜靜的思考著人生，這個韓文版 Vogue 雜誌美容總監都愛用的蠟燭品牌，還可以印製自己的名字，我們怎麼可以錯過！我自己喜歡的味道是 Summers night，畢竟我是夏天出生的孩子，也喜歡曬太陽，味道甜甜得讓人在夏天的悶熱添上幾分涼意。

Soohyang

●●

從不懂穿搭，
到穿搭達人

　　我是雙子座，你們也知道這個星座是很喜歡新鮮的，所以我外在風格一直在變。以前流行日系，我就會把頭髮留得很長，穿著上也會比較多層次，後來我開始轉換成韓系風格的原因其實也是受到韓劇的影響，最最一開始是因為看了張根碩所主演的「原來是美男」，他在劇中畫下眼線、綁辮子，所以那陣子我也會模仿他在劇中的打扮，也因此我慢慢知

道，如果要學會穿搭，就是先從模仿學習開始，然後找到最適合自己的，勇敢去嘗試！

千萬不要先入為主地覺得什麼風格不適合自己，產生抗拒，這樣就會錯過很多改變的可能，也沒有辦法看到不一樣的自己，這樣就相當可惜了！但我知道我絕對不適合美式嘻哈，你們光想我穿鬆鬆垮垮戴項鍊這樣子好看嘛！所以我很清楚自己的身形、條件適合怎麼樣的造型，我想每個人也都要從這一步開始做起，「先知道自己適合什麼，再從適合的方向慢慢打理出自己的風格。」

其實最近我有嘗試左右腳穿同款但不同顏色的鞋子，就像我前面提到，小時候因為個子矮小又總是被大人忽略的那個，很沒有自信甚至可以說是自卑，所以我總喜歡在身上做一點小特色來吸引別人的眼光，但我覺得這樣的小特色放在穿搭上或許會激盪出不一樣的火花也不一定！

　　你們都知道我現在的穿搭走「韓流風」，其實韓國時尚就是屬於「快時尚」，可能兩週或一季就會退流行，所以如果要走在時尚的前頭，態度是不能鬆懈的！但我自己不會一味地去追求流行，跟風似地把所有最流行的元素全都往身上擺，因為這麼多年以來我嘗試了很多風格，很清楚知道適合自己的是什麼。例如我因為身形比較瘦高，所以有一陣子很喜歡穿大寬褲的休閒風格，但這對於比較不高挑的人就相當的 NG ！個子較嬌小的可能會比較適合上寬下窄的 Look，可是如果真的很喜歡寬褲，那就必須選擇高腰的款式，才會讓身材比例好看一點。

　　此外，利用一些單品點綴出造型的重點，是在穿搭上相當重要的精髓！例如可以穿全身黑，但搭配有品味的帽子，就能看起來更有風格一些。但要切記，不要讓全身上下都穿滿名牌，這是相當 out fashion 的，寧可將名牌重點放在鞋子、項鍊、手錶等等，巧妙運用單品的特色，才能更加凸顯

出自己的品味。

切記，不要將有關連性的飾品重複放在身上，比如配戴長耳環就不要搭配項鍊，戴項鍊就不要再搭大量的手鍊等等，整體看起來會相當凌亂。在顏色的搭配上也是非常非常重要的一環，以我個人的穿搭哲學，我盡可能會讓全身上下的顏色保持在 3 ～ 4 個以內，再多的話就會讓自己像隻孔雀，太過花俏反而會俗氣掉。

至於髮型方面，台灣 20 歲上下的女生都比較偏向喜歡男生有瀏海的髮型，30 歲上下的女生就會比較喜歡男人可以將瀏海梳上去，看起來會較有成熟感。我現在的年紀正好處在這尷尬的兩個階段中，所以會因應不同的場合交互使用這兩種髮型。

每個人在整理頭髮時往往都會有種習慣，就是正面覺得

好看就可以了，不不不！頭髮可以說是人的第二張臉，怎麼可以只瞻前不顧後呢？所以髮型的四面都要被兼顧到，如果不知道該如何調整的話，可以和你的髮型師溝通討論看看，專業的髮型師都會給出最適合你頭型、臉型的髮型建議的！

　　髮型當然還有「髮色」這個重點，我在這邊有幾點小叮嚀，首先，如果是年齡稍長的成熟男性，我就不建議染太淺的顏色，會容易讓你看起來比較幼稚不莊重；如果你並不是那種會時時打扮或者化妝的人，就應該避免紫色或者綠色這種高鮮豔的顏色，因為這類的髮色必須搭配全身的整體造型才會被凸顯出來；如果全身沒有打扮只有髮色是鮮艷的，那就會看起來很像戴假髮一樣，更何況這種髮色很容易掉色，補染也需要不少的錢，所以我真心覺得一般人要避開，否則你就必須先做好心理建設，往後的維持和保養可是相當麻煩的喔！

認識我的人都知道我喜歡嘗試很多運動，Barrel 這個品牌有很多海上運動需要的服飾，鮮豔又實穿的防曬衣和海灘褲，尤其適合出外景的時候！平常我也會把防曬衣放在包包裡，好看又輕便，平常不下海玩水的女生，常會因為這些鮮豔的材質和防曬的功能大肆採買！

●●

和韓國流行文化的不解之緣

2003 年的冬天，我十五歲，因為爸爸工作的關係第一次踏上韓國這塊土地，接觸首爾這個城市，對於未來與人生都還是懵懂的我，渾然不知這個國家在未來幾年，會對於我的人生帶來相當大的影響和改變。

我人生中第一次看到雪就是那年首爾的冬天，對於韓國

的一切充滿新奇，哪怕走在路上寒風刺骨，雙手怎麼呼氣搓揉還是冰冷得要命，但仍舊擋不住我初次對於韓國的探索和好奇心。每天爸爸工作結束後都會帶我去各式各樣的韓國餐廳吃飯，那時候我根本不懂得吃辣，卻因為處在這個城市，而必須適應每一餐辣到我瘋狂灌水流淚的美食，就這樣慢慢從飲食開始，了解到韓國與台灣文化上的差異。

某天爸爸工作結束後，帶我去他口中首爾最有名流行的地方──明洞，他說沒有去過明洞，就像是沒去過首爾一樣，所以他給了我一些錢讓我有一小時自由活動，雖然我現在完全忘記當初我到底買了什麼、做了什麼，印象裡只記得「下雪」、「辣」、「明洞」這幾個關鍵字，但也算是我和韓國的第一次結緣。

至於第二次對韓國最印象深刻的緣分，是發生在泰國。《I Want nobody nobody but you! I Want nobody nobody but you!》、《Gee Gee Gee Gee Baby Baby》，這些至今仍耳熟能詳的旋律和歌詞，是在我二十多歲到泰國旅遊的那年夏天，街頭巷尾所播送的音樂。雖然我身處在泰國，吃著道地的美食，聽著路人滿街的泰語，但是店家所播放的，卻都是 Wonder Girls 和少女時代的歌，甚至路上還有許多人會隨著音樂的節奏而跳舞。其實那時候我對於韓國團體是完全沒有研究的，所以壓根不知道這些是韓國歌，但秉著自己好歹也是在台灣娛樂圈的一分子，怎麼可以不知道時下各國的流行娛樂，所以就直接去了唱片行買專輯，從店員手上接過 CD 的時候我下巴差點掉下來，竟然是韓國的團體！！！我原本以為是泰國當地的音樂耶！原來在當時韓風還沒有大舉入侵台灣之前，泰國已經抵擋不住韓流的魅力，也因此讓我對於韓國充滿了極大的興趣和好奇，開啟了我瘋狂研究韓國的熱忱。

韓流文化大概是從八、九年前又開始吹進了台灣，期間

除了因為我對韓國流行文化一直很有興趣之外，也因為工作需要，我研究了很多韓國的節目、雜誌等等，發覺在穿搭上，有一點很值得大家來參考。

通常每組韓團的團員都會穿著同種風格為基礎，卻又是不同樣式的造型，如果我們能夠以此作為穿搭的範本，就能夠有相當多的選擇可以參考。舉例來說，假設這次團體的造型主軸是「海洋風」，團體裡有五個人，我們就能看到五種不同的「海洋風」裝扮，也就是我們可以看到同種元素有五種款式，所以如果我喜歡「海洋風」，從中選擇一種適合自己的也就容易許多了，省去很多探索的時間以及冤枉錢。我想，這也就是為什麼韓流盛行的原因之一，因為他們的時尚穿著可以被選擇和模仿的樣本數很多，所以自然而然也成為許多崇尚潮流人士必追的指標了。

除此之外，韓國的戲劇也是帶動他們流行的原因之一，

不僅有好的劇本和演技出色的演員以外，不管是電視劇或者電影也總是巧妙地將當地文化置入在其中，讓全世界都能更加瞭解韓國的文化以外，也因為韓國戲劇的成功，順利地帶動當地觀光產業，也慢慢地將這股力量渲染到世界各地，當然也包括我本人啦！例如因為看到男女主角吃的韓國特色美食，我就會到韓國去嘗試，或者看了主角穿的衣服很好看，就也會忍不住買一件，再藉由網路社群的分享和傳遞，讓這股韓流風暴越擴越廣，不知不覺也傳染給更多的人。

隨著慢慢接觸和觀察韓風，以及因為工作而認識許多韓國藝人，發現他們不僅對歌唱、舞蹈、演技、儀態等等的訓練很講究，他們對於自己的穿搭品味也是非常要求，私下也會互相研究，力求創造出屬於自己的獨特風格。既然我們也同為黃種人，在身形膚色也相對接近，所以我們除了追求韓國時尚以外，也應該學習他們努力追求創造流行的企圖心！

●●

想要打造韓風，
其實一點都不難

　　現在很多年輕男女都紛紛效仿韓式的打扮，無論是穿搭或者妝容等等，連保養品和化妝品也會以韓系的為主，因此也帶動更多人前往韓國旅遊。但是呀，如果要真正學習到韓國穿搭的精髓，可不是看看電視節目，翻翻雜誌就可以了！

　　很多人去韓國玩，應該一下飛機就往 Shopping 的地方

跑，但我不一樣，我會選在一個戶外的咖啡廳坐一整個下午，看著路上熙來攘往的人群是如何穿搭的，比起韓星那種高單價或者品牌贊助的單品，比較適合在表演的時候參考，路人的穿搭方式更值得我們學習，不得不說，韓國的路人真的一個比一個會打扮。像是韓國當地「狎鷗亭」這個地方，就像是台北的東區一樣，到處都是相當時髦的人，加上附近就是經紀公司，很多藝人也常常在那裡出沒。

所以當我看了一整個下午，無論男女都可以從他們身上發現今年流行什麼雛形、什麼髮型顏色等等。但如果不能飛到韓國也沒關係，韓國藝人很流行做「機場時尚」，雖然不像舞台上那樣華麗，但也相對親民，所以更貼近我們一般人可以學習的，也可以從中獲得一些單品搭配的新知，例如包包、墨鏡、帽子等等。

此外，Instagram 上面也有很多韓國藝人、模特兒等等

的穿搭示範，就可以很一目了然的知道韓國時下最流行的風格是什麼，雖然不用一味的去模仿，但只要知道幾個基本元素，確定自己是否適合這樣的風格和款式，就可以比較容易做出選擇或者購入。

韓國流行的陷阱

　　韓國的化妝品與保養品早就是台灣女生的首選了，也因此每個品牌的競爭也會相當激烈，很多商店都會送試用品，但我不建議大家使用，因為試用品往往會為了讓消費者購買，讓裡面的成分和原本的不太一樣，可能會添加更多的精華，好讓試用者更快感受到成效。所以不要輕易地相信試用的產品，可以在網路上去看許多試用的部落客針對不同的膚

質，是否合適或者有過敏等等的情況發生，再來參考自己本身的體質。

還有，韓國的天氣畢竟和台灣不一樣，因為緯度高不像台灣會太陽直曬，所以普遍來說韓國人的膚色較白，也因為膚色白，所以他們許多彩妝品，像是氣墊粉餅就會很難找到適合的膚色，但以前因為實在很流行，所以會發現很多藝人們用完之後晚上參加活動，本人看還好，但攝影師拍照時開閃光燈，結果每個人照片出來都跟鬼一樣，根本就是照妖鏡（不好意思又開砲了 XD）！因為這些產品裡，會有很多珠光的成分讓人看起來更白，但這是適合韓國人的膚色，所以在選擇上一定要注意這一點。

另外保養品也是，30 歲上下算是分水嶺，到底是要用輕熟齡的保養品還是年輕人的，就是一個很難選擇的事情。而且韓國天氣很乾燥，有些產品一旦用錯，對膚質敏感或者

不適合的人就會長很多的粉刺和痘痘，我印象最深刻的是有一次我想要保養睫毛，所以擦了能夠讓眼睫毛更長更濃密的保養品，結果用了以後，隔天幾乎就快要瞎了立刻掛急診，醫生說因為這成分藥劑太強，對睫毛的確會增加成長速度，但不是適合每個人的體質，尤其我眼睛比較敏感，醫生還說還好我在使用的時候有戴隱形眼鏡，才保護了我的瞳孔，可見不是把所有知名的品牌，塗塗抹抹在身上就能得到想要的效果，有時候還會適得其反呢！

講到這裡，你們就可以明白為什麼我這麼推崇韓國的時尚了吧！韓國比我們的市場大很多，時尚敏銳度也高出許多，選擇多，風格也多元，所以接受度也比較廣，在產品製作風格上也會開放很多，就因為這麼多重的原因，造就了韓國引領了亞洲的時尚風潮。其實除了在亞洲，韓國旋風早已在歐美引起很大的迴響，這是一件相當難以達到的成就，韓國將過去歐美引領時尚潮流的模式扭轉了過來，也越來越

多海外知名的時裝週會邀請韓國藝人參加，在過去是很難想像的，所以也讓我更加確定研究韓國時尚，不單單只是為了個人的時尚品味，也可以藉此搭上這波浪潮，讓自己和國際接軌。就讓我們一起加油吧！

最後想跟你們說，如果連我這種對化妝保養這麼外行的人都可以在反覆練習研究後慢慢做到一定的水準，那麼愛美的你們肯定也做得到！就像是 S 姐曾說的：「**沒有醜女人，只有懶女人**」，給自己機會去探索保養、妝容的奧妙，然後身體力行地去學習和嘗試，相信你們也能照著鏡子，對自己的外表越來越滿意！

犀利
但不改本色

找到讓自己變得更好的方向，
不斷成為更好的自己。

別忘了擁擠的生活裡，
也要有大口呼吸的空間

一直以來，我很希望給別人的形象就是很健談、很 Nice、很陽光、很可口、很帥……（對，我知道有點多），然後盡可能做事圓融，不隨便口出惡言，所以我人際關係還算可以，當然還是有許多後來沒有再聯絡的朋友，不過這些人都是生活圈或者生活觀念有很大的差異，就好比當初錄「大學生了沒」來來去去大概有五千人，當然不是所有人都

有繼續聯絡，所以對我來說他們都是過客。不過這些過客，一定也留下了什麼，教會了我們什麼，所以我很感謝他們的出現。記得當初爸爸讓我進演藝圈有一個條件，就是不准吸毒，這也就是為什麼家人雖然不特別支持我，卻也沒有把我從演藝圈強力拔掉，就是因為我從來不會碰這些，對會碰這些東西的朋友我也是敬謝不敏。

而且我覺得我是一個很神經病的人，對於自己的外型和體態很要求，所以除了工作以外，我幾乎就是在健身房，於是漸漸地大家就會開始覺得我很無聊，什麼局都不會到，所以我慢慢失去了很多玩樂的朋友，但這也是我的選擇，我不想因為這些瑣事來耽誤到我的正事，才會漸行漸遠。所以現在留下來的朋友們，幾乎都是有相同價值觀、可以互相學習，且對於演藝圈了解、或是對自己的人生有憧憬與夢想的人，這些朋友兼夥伴都是對我來說很重要的人，而我也非常珍惜他們，是他們的陪伴讓我更加確定自己在演藝圈的步伐。

很多時候舞台上你們看到的都是很光鮮亮麗的時刻，但私底下的生活真的常常讓我感到很疲累，累到很厭世的那種。其實外人給的挫折和要求並沒有太多，往往都是我自己給自己很大的壓力。直到去年開始，我才開始過正常人的生活，才開始懂得放慢腳步，審視一下自己的人生。

我開始學划水、學騎馬，這是我這輩子從來都沒想過會接觸的事情，但之所以會讓我想做這些事情的原因，就是每當我回想過去九年的演藝圈時光，覺得自己犧牲了太多太多，好像都沒有了自己該有的生活態度和生活方式，永遠就是很急著出門然後很急著回家，完全不懂得體會生活的重要性。

忘記從哪個時刻開始，我忽然覺得我們身為人類，就是需要有一個人的時間和要有的生活品質，有可以冷靜思考的時間，明明可以體驗的生活有很多，可以享受的樂趣也有很多，那怎麼可以白白的讓這些美好的時間和事情流失呢？

所以說，做人真的不要把自己逼得太累，我想這樣才有活著的價值吧！就算我們都為了養家餬口，或者期望達成什麼夢想和目標，但千萬別忘了在這些擁擠的生活裡，給自己大口呼吸的空間，別讓自己在庸庸碌碌的狀態裡莫名老去，這樣多可惜啊！（來人啊～來一首我的青春小鳥一去不回來）

我仍期望自己能變得更好

　　我一直提醒自己，一定要時時精進自己，哪怕此刻沒有機會，還是要不斷提升自己各方面的才能，比如說為了唱歌，我上過很多老師的課，雖然唱歌很多時候要仰賴天生，但如果現場要將歌唱得穩，後天就可以訓練肺活量，然後在唱歌和跳舞以及表演過程中要維持好情緒和表情，這都是可以透過不斷的演練而進步的，雖然目前以歌唱來說我還要修正的地方有很多，不過相信我，持續的練習，再將現場氣氛掌握好，一定可以在舞台上更遊刃有餘地展現自己想要的樣子。

至於在戲劇方面，我自己會在家看很多的電影，不然就是租 DVD 不斷回放精采演技的部分，但我這個人看電影很奇怪，注意的不是劇情，而是看每個厲害的演員他們特有的表演方式。想要當一個好的演員，就是要有一個很大的櫃子，裡面的抽屜收集了很多不同的故事和情緒，所以我也積極去認識很多人，收集很多的故事，聽很多的歌曲，想從這些故事和歌曲裡找到不同的情緒和表現，這些將都是屬於我的情緒抽屜，當有合適的演出機會，我就可以把這些抽屜打開，讓我的演出不是生硬的「演」，而是能夠把一個角色演好，做出真正融入角色其中的「表演」。

　　在我算是最得心應手的主持方面，其實還有太多需要進步的空間，就像我很希望可以成為像陶子姐一樣，很知性、很溫暖又可以獨挑大樑的主持人，而且陶子姐對於公益和偏鄉孩童也盡了很多力，我也想向她看齊，不單只是主持的技巧或是工作上的表現，更希望能像她一樣從主持到事業都能

影響到整個社會，讓社會不再冷漠，也多一些溫暖。

　　在每次工作的挑戰中，我最喜歡在準備時的狀態，可以對於很多未知的事情充滿期待，像是我說的話會不會讓大家尖叫呀、表演多精彩呀，我可以在準備時做很多不切實際的想像，不管挑戰多大，如果能做得到那肯定是很了不起的里程碑，所以我可以在上舞台後盡情揮灑，可以很享受每個當下，然後每當回過頭去看過去的自己，都能明顯感受到自己一步步在進步，雖然每次回頭看我以前的表演，我還是很想殺死自己，也想殺死當時的經紀人，覺得實在太丟臉了！所以拜託你們不要去搜尋，但我這樣是不是有點此地無銀三百兩了哈哈！總之，開始和自己比較，就能找到讓自己變得更好的方向，這是很重要的事情，不要輕易的讓自己陷入盲點，不要輕易滿足現況，才能不斷進步，不斷成為更好的自己。

出道十年，
我喜歡這樣的自己嗎？

　　出道到現在也過了十個年頭了，我時常反覆地思考和反省自己的所作所為，自己入行這麼久到底有沒有成長。

　　過去我非常在意網友的留言，尤其是攻擊我家人的、說我很沒有教養，間接攻擊到我爸媽的，攻擊我外型的，甚至讓我印象非常深刻的評論是，有網友說他很討厭聽到我的聲

音，這無疑戳到了我的痛點，因為從以前我就很不喜歡自己講話的聲音，更讓我的自卑心整個被點燃。

但後來等我平心靜氣後就想通了，那時我就回他：「**不管你喜不喜歡我的聲音，但我很喜歡我自己的聲音。**」我回這個不是因為我嘴硬、愛面子，而是當我想到，我父母給了我健康的身體及帥氣的外型，這些都是父母給予的，那我又有什麼好討厭的呢？所以慢慢地當我收到許多對於我的人身攻擊，也就沒有再這麼走心了，覺得別人討厭什麼根本不關我的事情，不是嗎？

雖然偶爾我也會氣自己為什麼鼻子不能再高一點、下巴不能長一點、雙眼皮不能再明顯一點等等，甚至過去試圖做很多事情來改變自己（不是說整型，是說化妝好嗎？），但我現在最在意的就是至少我是健康的，尤其我回想到 93 病房病童們的故事，更讓我喜歡且珍惜現在健康的自己，不管

其他人怎麼看我，怎麼討厭我，我就是表現好我自己就好，把該做好的事情做好就好。

用了「大野」、「夏和熙」的名字出道到現在這麼久，其實在我自己看來，螢光幕前的我和私底下的我早就已經失去了平衡，或者是說，原來的我可能已經幾乎不存在於這世界上了，因為就算是我個人的行程，我還是會被認出來！另外就是我私底下會花很長的時間準備工作的內容，那麼這些當下的我仍然是那個「夏和熙」。

也許除了我回到家、卸了妝，或者躺在床上反芻我內心最難過和最痛苦的心魔，我才會回到原本的自己；但等天一亮，上了妝準備上工，我就要展露出大家熟悉的那一面，所以我覺得那位「蔡先生」，在我的生命裡可能只剩下 5%，因為「蔡先生」是一位為了成為「夏和熙」而做了很多努力跟犧牲的人，即使我曾經也很想保留自己的原貌，但後來發

現這樣的自己和演藝圈以及和我的工作是抵觸的，所以為了做好「夏和熙」，我必須丟掉大部分的自己。

有的時候，我真的很懷念以前「蔡先生」的樣子，可以去夜市大口吃東西，不用戴口罩、帽子把自己悶得要死，不用在意路人的眼光，不用化妝，不用經過特別的包裝和思考，甚至可以隨意談戀愛等等……。

那麼再想多一點吧，如果最初我沒有進演藝圈的話，我想此時此刻應該和我媽一樣在學校裡面當體育老師、網球教練，或者也接了我爸的事業吧！畢竟體育是我喜歡也很在行的事，然後我因為太不忌口所以一定胖得跟豬一樣，身體也不會比現在健康，因為我不會像現在很克制，可能真的會放縱自己。至於外表，頭髮對於我來說就會很多餘，所以我應該會有一頭亂髮，每天穿著舒服的運動服，可能也步入家庭之類的。如果真的這樣，我想我就會和家人相處得

非常融洽，也或許會跟姊姊搬去美國陪伴她，牽著我最愛的兩個外甥走在街上⋯⋯。

不過這些如果，我就暫且先放在心裡面想像吧，此刻的生活是我選擇的道路，**期待和失望本身就是共存的，學習和自己和平相處**，取得平衡，才是我目前的人生最重要的學分。

我和我的 30 歲

　　即將 30 歲，這對於我和家人都是很大的門檻，也是決定
未來相當重要的關鍵點。我的朋友們一個個都結婚去了，甚
至還有小孩，我就會想說，那我什麼時候要有小孩，家裡傳
宗接代的壓力我該怎麼扛？如果我有了小孩，那我要花多少
錢去照顧，同儕們漸漸為了家庭、為了房貸，為了這些現實
面而漸漸妥協，看著他們我就會想，我做好這個準備了嗎？

在我的觀念裡，30 歲後就要對家庭負責任，尤其每當我看到爸媽慢慢地不再年輕了，可能無法健康地做他們想做的事情，有時候還要陪伴他們去看醫生，擔心他們的身體，所以我告訴自己，要長成一個大人來照顧他們，而不再是他們照顧我。30 歲以後我也不能隨便地任性，很多心態和行為也需要做調整和改變，像我以前都是不理財的，但現在就是要規劃很多長遠的事情，開始學會存錢；我也不能再想喝醉就將自己灌醉，不能像是個不成熟的少年做出脫序的行為，因為 30 歲了，這就是責任了。

我一直說我是一個很幸運的人，老天爺在大學這個時間點給了我進入演藝圈的機會和方向，我不用像當時許多應屆畢業生必須做出選擇，老天爺早已幫我選好了。所以我既然決定要走，我也給自己還有公司許多壓力，不能只是在演藝圈浮浮沉沉、得過且過，我想要證明給社會、公司以及家人看，我做的這個選擇，我就能對自己負責，把握好任何的時

間和機會，我要做很多平常人不敢挑戰的事情，而且要做得很好。所以今年我有很多的規劃，包含出書、拍戲、發片，我相信這是我人生中最重要且最豐富的一段時間吧！

既然像我這種沒什麼自信的人都可以有這樣的期許，如果你也是有才華、有抱負，或者期望能夠可以被看到的人，你就是繼續做好你該做的準備，把可以努力的事情，努力到極限，我相信總有一天你會被看到的，老天爺都會有所安排，不管是好事或者壞事，都會有它的意義存在，不管路上遇到的是好人還是壞人，他們都會給你上一課，讓你經歷，讓你成長。

其實每天我都會想，對於自己可以走到現在一直覺得很不可思議，演藝圈真的是改變了我的人生，能夠讓某部分的人喜歡我、支持我，這是我 18 歲當時完全不可能想像得到的事，也因為工作的緣故，我去了太多一輩子都不會去的地

方，而且到了每個地方，我就會努力去體驗當地的文化和生活，像是去西安我就堅持要看兵馬俑，到了內蒙古我就堅持要住蒙古包，因為一輩子可能就來這麼一次。

所以我真的很感謝能踏入演藝圈，我相信現在只是我人生的某個階段而已，期待未來我還能到更多沒有去過的城市，開闊更多的視野。以前古人說：「讀萬卷書不如行萬里路」，我真的建議大家要多去世界各個地方走走，你才知道世界有多大，才不會將自己侷限在一個小小的事件或者情緒裡，就不會因為一場小小的失戀就崩壞整個世界，不會因為小小的挫折就輕易放棄自己的生命。

就像我以前在乎那些小事情，過了一個年紀和經歷再回頭看，就會發覺其實根本不重要。所以我們要做什麼？就是要珍惜每次和朋友的見面、每次和家人的相處、每次工作的機會，盡可能活在當下，不要讓自己有後悔的可能。

不斷的發揮生命的極限，才是活著的人生啊！

對此刻的反省，
對未來的期許

　　還有一件事情讓我感到相當抱歉，就是對於我的粉絲們。從我出道到現在，我真的非常非常感謝你們對我的愛護與支持，但除此之外我對你們還有著滿滿的歉意。因為你們總是用自己的方式保護我、支持我，但我卻沒有辦法用我的方式保護你們，我知道我自己不是一個很大牌、很有名的明星，所以每當你們支持我的時候，難免都會看到很多人說：

「夏和熙有什麼好喜歡好支持的？」「唉呦夏和熙又沒有多紅……」看到你們的擁戴卻要換來這樣的評論，我能做什麼呢？

　　網路的世界裡我什麼都不能做，也沒有辦法用我的方式保護到我的孩子們。但是，我會把我的工作做得更好，讓你們有更多的立場去據理力爭，就可以很驕傲地說支持我，可我目前還沒有能力讓你們大聲的說支持我，請再給我一點時間，我會努力站穩後，用我的方式也保護著你們！另外，我知道有很多父母擔心你們支持的偶像是不是正派的人，會不會做什麼錯誤示範而讓你們跟著學習變壞，不過別擔心，我會拚了命地努力成為更好的藝人，用自己的影響力分享給你們更多的正面能量，希望你們不要因為我而受到不公平的待遇，不要跟網路上的人計較，也讓你們的父母安心，我一定會成為更好的夏和熙，讓你們驕傲的。

對於未來，我有很多的期待，但也害怕期待給我帶來的失落感，所以我只能亦步亦趨地做好我的本分，我仍期許有天，自己的成就可以獲得所有我在乎的人支持，可以有一個作品讓大家認識，如果還可以因此受到肯定那就再好不過了！雖然很多事情都是運氣和努力各半，既然運氣不能掌握，我能做的就是努力，其餘的部分就交給老天爺決定。

想想我真的犧牲了太多太多，犧牲了我的大學生活、犧牲了我的自由、犧牲了我和家人朋友相處的時間，但正因為所剩不多，所以我會用剩下的時間和力氣去珍惜他們，盡可能彌補過去的某些遺憾。

如果有人問我這十年有沒有後悔，說真的，我並沒有辦法給出肯定的答案，因為我知道我為了演藝事業，我失去了太多東西，那些東西是往後多少的獲得都無法取代的。不過人生，哪有不後悔的？不也是因為有這些後悔，才會讓我們

所做的每個選擇和決定，格外有意義？不就是因為有這些遺憾的可能，才會讓我們更明白珍惜的重要性。

　　所以如果重新來過，來到 18 歲那年夏天，那個改變我一生的日子，我想，我還是要搭上那班捷運，接過改變我一生的名片。

　　人生就是選擇，選擇就要堅持，堅持或許有堅持的必要性，但我不能說我沒有嚐過甜美果實的滋味。我熱愛我此刻的生活，所以我會盡我所能讓這個決定格外閃閃發亮。

　　期望每個走在人生十字路口的你們，都能做出對自己最好的抉擇，然後，**好好擁抱自己雖然稱不上完美，卻是獨一無二的花漾人生。**

Dear Karsten & Kylo:

　　這個世界很大,希望你們都可以多去走走看看這個世界,不要忘了這個世界上有很多愛你們的人,你們的爸爸媽媽很努力的給你們一個很棒的環境,要記得不管發生了什麼事,他們永遠愛你們,遇到挫折不要氣餒,人生不會一帆風順,不會所有人都站在你們身旁幫你們搖旗的喊著你們加油,你們一定可以成為自己也喜歡的自己,也一定可以成為自己想要成功的人,不要輕言放棄,不要放棄你們的夢想,你們一定都會是99心目中最棒的孩子,最後99只想要你們健康快樂,因為沒有什麼比健康和快樂更重要,知道嗎?也一定要孝順爸爸媽媽,知道嗎? 99 永遠都會幫你們加油!加油～Karsten!加油～Kylo!

玩藝 0063

「我，和我自己」夏和熙

前往夢想的道路，哪怕只前進一步，
也決不原地踏步

我，和我自己，夏和熙：前往夢想的道路，哪
怕只前進一步，也決不原地踏步 / 夏和熙著.
-- 初版. -- 臺北市：時報文化, 2018.01
面；　公分. -- [玩藝；63]
ISBN 978-957-13-7308-9[平裝]

1. 自我實現 2. 生活指導

177.2   107000445

作　　　　者 Auther	夏和熙 Wills Sia	
藝 人 經 紀 公 司 Artist Management	英屬維京群島商傳奇星娛樂股份有限公司台灣分公司 A Legend Star Entertainment Corp	
總　經　理 General Manager	張世明 Andy Chang	
董　　　事 Board Member	陳建州 Blackie Chen	
財 務 統 籌 Financial Adviser	王元元 Yuan Yuan Wang	
藝 人 經 紀 經 理 Artist Management Manager	蔡屹卓 Julian Tsai	
藝 人 經 紀 經 理 Artist Management Manager	呂偉欽 A-wei Lu	
藝 人 經 紀 Artist Manager	賴玉玲 Sunnie Lai	
藝 人 經 紀 Artist Manager	魏芷涵 Hanley Wei	
經 紀 執 行 Artist Management Executive	臧婕妤 Ally Tzang	
平 面 攝 影 Photographer	江鳥立夫 Leaf	
造 型 統 籌 Image Supervisor	高明偉 Eric Kao	
髮　　　型 Hair Stying	陳聖安 Jarvis Chen	林若蓁 Zelda Lin
化　　　妝 Make up	饒家蓁 Tae Rao	
特 別 感 謝 Special Thanks		

封 面 設 計　　季曉彤（小痕跡設計）

內 頁 設 計　　亞樂設計

責 任 編 輯　　施穎芳

責 任 企 劃　　塗幸儀

總　編　輯　　周湘琦

發　行　人　　趙政岷

出　版　者　　時報文化出版企業股份有限公司

地　　　址　　10803 台北市和平西路三段二四〇號二樓

發 行 專 線　　（02）2306-6842

讀者服務專線　　0800-231-705、（02）2304-7103

讀者服務傳真　　（02）2304-6858

郵　　撥　　1934-4724 時報文化出版公司

信　　箱　　台北郵政 79 ～ 99 信箱

時 報 悅 讀 網　　http://www.readingtimes.com.tw

電子郵件信箱　　books@readingtimes.com.tw

時 報 出 版 風 格 線 臉 書　　https://www.facebook.com/bookstyle2014

法 律 顧 問　　理律法律事務所　陳長文律師、李念祖律師

印　　刷　　詠豐印刷股份有限公司

初 版 一 刷　　2018 年 1 月 26 日

定　　價　　新台幣 399 元

ISBN 978-957-13-7308-9　　Printed in Taiwan
缺頁或破損的書請寄回更換

時報文化出版公司成立於一九七五年，並於一九九九年股票上櫃公開發行，
於二〇〇八年脫離中時集團非屬旺中，以「尊重智慧與創意的文化事業」為信